Eva Merg
Dein Gestern bestimmt nicht dein Morgen

EVA MERG

Dein Gestern bestimmt nicht dein Morgen

Meine Heilungsreise zu Liebe,
Versöhnung und echter Lebensfreude

adeo

Inhalt

Vorwort

Manche werden sich vielleicht fragen, wie eine junge Frau in ihren Dreißigern dazu kommt, ein autobiografisches Buch zu schreiben. Nun, es hängt sehr viel damit zusammen, dass kaum jemand, der mich heute kennt, sich im Geringsten vorstellen kann, durch welche Tiefen ich in meinem Leben bereits gegangen bin. Wenn ich davon erzähle, dass ich ein Buch über mein bisheriges Leben schreibe, werde ich oft sehr überrascht angeschaut: „Oh, worum geht es denn darin?" Ich schaue die Person dann durchdringend an und sage: „Es geht um die Lebenskrisen, durch die ich mit meiner gesamten Familie gegangen bin und wie der Glaube mein ganzes Leben verändert hat und unser Familienleben wiederhergestellt hat. Wir haben eine sehr innige und freundliche Beziehung zueinander, und das war nicht immer so. Ich weiß, man sieht es mir heute nicht mehr an, aber ich bin durch viele Extreme gegangen. Ich war depressiv, selbstmordgefährdet, bin mit Punks, Gothics und Metalheads durch die Straßen gezogen. Ich hatte viele flüchtige Beziehungen, One-Night-Stands, Alkoholexzesse und habe mich einige Zeit lang sehr aktiv mit Satanismus beschäftigt." Dann herrscht Stille. Die häufigste Reaktion, die danach folgt, ist: „Oh, das hätte ich wirklich nicht vermutet, so wie ich dich kenne. Du bist so ein lebensfroher Mensch und du stehst wirklich fest im Leben. Das ist sehr erstaunlich – wann kommt dein Buch? Ich möchte es lesen!"

Wie kam es zu diesem Buch? Vor ein paar Jahren wurde mir bewusst, wie wichtig es ist, auch über die Tiefpunkte im Leben zu sprechen. Es gab zu viele Dinge, über die ich lange nicht gesprochen hatte. Zu viele Dinge, die es wert waren, erzählt zu werden. Ein Schmerz, von dem ich wusste, dass ihn nur allzu viele Menschen kennen. Für diese Menschen könnte das reine Erzählen meiner Geschichte bereits wie eine Erlösung sein. Sie sollten wissen, dass sie nicht allein in ihren Tiefen sind. Und noch mehr: dass es eine Antwort auf ihre Fragen gibt. Eine Ermutigung zum Leben.

Also fasste ich einen Entschluss. Ich wollte schreiben. Ich sprach ein tiefes Herzensgebet aus, dass Gott meine Geschichte dazu verwenden sollte, vielen Menschen eine Stimme zu schenken, die nicht gehört und gesehen werden. Ich bat ihn, sich ihnen zuzuwenden und ihnen eine himmlische Begegnung zu schenken. Dann begann ich zu schreiben. Es floss nur so aus meinen Fingern. Erinnerungen wurden lebendig vor meinen Augen. Es war wie Magie, doch viel stärker und reiner. Gott hat so viel in meinem Leben getan und ich *musste* es einfach aufschreiben.

Nun, es ist nicht leicht, über die schweren Kapitel im Leben zu schreiben. Auch wenn die Erlebnisse schon einige Jahre zurückliegen. Ich habe während des Schreibprozesses professionelle Hilfe und Unterstützung in Anspruch genommen und war für einige Zeit in einer Klinik, um alte Schmerzen aufzuarbeiten, die dabei zutage gefördert wurden. Besonders bei Menschen mit traumatischen Erfahrungen könnte meine Geschichte an manchen Stellen existenzielle Gefühle hervorrufen und wie ein Trigger wirken. Mein Wunsch ist, dass meine Geschichte bei der Aufarbeitung von Erlebnissen unterstützt und nicht retraumatisiert. Falls also negative Gefühle hervorgerufen werden, bitte ich alle Lesenden, sich Hilfe zu holen und nicht zu versuchen, die Situation allein durchzustehen.

Eine meiner wichtigsten Erfahrungen war zu erkennen, dass es Hilfe gibt. Auch wenn ich immer wieder Momente hatte, in denen ich mir sehr sicher war, dass mich kein Mensch auf dieser Welt wirklich verstehen könnte – so hat es doch immer Menschen gegeben, die ein offenes Ohr für mich hatten. Manchmal gibt es nicht direkt eine Lösung für die konkrete Situation, aber in einem vertrauten Umfeld von den eigenen Gefühlen zu erzählen, kann vieles verändern und verbessern. Also, meine Ermutigung gleich vorneweg: Trau dich, dich zu öffnen und zu erzählen. Und sollte dir eine Person einreden, dass du von einem bestimmten Geschehnis nichts verraten darfst, dann möchte ich dir sagen: Höre auf dein Herz. Wenn es sich für dich nicht gut anfühlt, dann spricht das dafür, dass diese Person dein Vertrauen missbraucht. Es wird dir guttun, wenn du dich jemandem anvertraust. Am besten einer Person, die dir den Eindruck vermittelt, dass sie fest im Leben steht und gut mit anderen Menschen umgehen kann. Du musst nicht von jedem Detail erzählen, das dir passiert ist, aber erzähle bitte von deinen Gefühlen. Das ist wichtig für dich und kann dir sehr weiterhelfen.

In meinem Buch erzähle ich auch davon, wie verletzt ich von dem Verhalten meiner Familienmitglieder war. Mir ist es wichtig, einen offenen Umgang damit zu haben, denn nur so wird sichtbar, wie groß das Wunder ist, dass wir trotz einer so verfahrenen Vergangenheit wieder zueinandergefunden haben. Ich habe meine Familienmitglieder in alles mit hineingenommen, was ich in diesem Buch geschrieben habe. Sie sind einverstanden, dass ich offen von unserer Vergangenheit erzähle, und sprechen seit vielen Jahren ebenfalls sehr offen darüber. Meine Eltern ermutigen andere Eltern in ihrem Umkreis, wenn diese Schwierigkeiten in der Beziehung zu ihren Kindern erleben, darauf bin ich sehr stolz.

Prolog

Es ist schwer zu sagen, was genau für eine Szene es war, der ich in dieser großen Stadt begegnete. Linksradikale Skinheads tummelten sich mit Skatern, mit Metalheads, mit Punks. Emos mit dicken Eyelinern und ihrem Pony im Gesicht tranken ihr Bier mit nietenumgürteten Irokesenträgern. Ich konnte es einfach nicht fassen, dass es so viele Menschen gab, die das lebten, wonach ich mich sehnte: das Gefühl, anders zu sein, nach außen zu tragen. Sich nicht anzupassen, sondern auszubrechen. Ich spürte, dass all diese Jugendlichen, die ich dort sah, Außenseiter waren – und gleichzeitig waren sie für mich die bewundernswertesten Menschen auf dem Planeten. Ich spürte einen neuen Wind, eine Kraft und eine Freiheit. Insgeheim wusste ich, dass ich hier, in der Gemeinschaft mit diesen Leuten, einen Ort gefunden hatte, an dem ich mich für nichts schämen müsste. Und genau so war es auch.

Als ich das erste Mal dort war, saugte ich all die Einflüsse wie ein Schwamm auf und war völlig aufgeregt. Es wurde viel getrunken, auch wenn keiner wirklich Geld dafür hatte. Es berührte mein Herz, wie alle das teilten, was sie hatten. Wenn jemand eine Kiste Bier hatte, teilte er sie mit allen. Es war keine Schande, wenig zu besitzen. Abgetragene Kleider wurden gefeiert. So manch einer leistete sich ein Bandshirt seiner Lieblingsband oder ein Nietenarmband. Manche, die arbeiten gingen, ließen sich Tattoos stechen oder piercen. Andere steckten sich Sicherheitsnadeln in die Ohren, die sie vorher mit einem Feuerzeug erhitzt hatten.

Ich lernte sehr schnell Leute kennen. Aber um 23:30 Uhr war der Zauber zu Ende. Das war die Zeit, zu der der letzte Bus nach Hause fuhr. So bald wie möglich fuhr ich wieder hin, lernte mehr Leute kennen und saugte den Lifestyle weiter auf. Unsere Gespräche waren erfüllt von Sarkasmus, Selbstironie und – das war neu für mich – auch von Hass. Es wurde eine Wut kundgetan über „das System", über Scheinheiligkeit, über biedere Familienverhältnisse, die nicht das halten konnten, was sie versprachen. Über aufgehübschte Außenfassaden und tiefgreifenden Schmutz im Inneren von Menschenleben. Es war für mich eine große Erleichterung, Raum zu finden, Worte für etwas zu finden, was ich die ganze Zeit tief in meinem Herzen trug.

Zu Beginn dieser Zeit war ich noch sehr gewissenhaft, was den letzten Bus nach Hause anging. Aber in mir regte sich der Wunsch, genauso frei zu sein wie meine neuen Freunde. Also blieb ich einfach dort, ohne zu wissen, wo ich schlafen sollte, und sagte meinen Eltern am Handy, dass ich bei Freunden unterkommen würde. Dann verbrachte ich meine erste Nacht mit dem „Gesöcks" in der Tiefgarage. Es war schweinekalt und ich konnte nicht schlafen. Es stank nach Autoabgasen und Urin, aber es war unvergesslich. Am nächsten Morgen tranken wir Bier und holten uns einen Kaffee bei McDonald's.

Jedes Mal, wenn ich dort war, tranken wir, was das Zeug hielt. Es war mir ein großer Spaß, betrunken vom Bahnhofsvorplatz in die Stadt zu laufen und dabei das Gefühl zu haben, dass die Häuser neben mir flüssig wurden und ich schnell war wie ein Windhund. Doch viel zu trinken, war teuer und kaum jemand von uns hatte viel Geld. Ich ließ mich gerne einladen, was nicht selten in einem Flirt oder auch mehr endete. Ich lernte Menschen kennen, die mir die Haare festhielten, wenn ich mich am Straßenrand übergab, solche, die mich auf mein nächstes Getränk einluden, und solche, die mir ihre Überlebensstrategien in der Szene zeigten.

In mir gab es einen Hunger, der immer mehr wuchs: Ich wollte ein Teil dieser Szene sein. Ich wollte, dass die anderen wussten, wie ich bin. Ich wollte einen Namen haben.

Teil I

Ein glücklicher Start in die Lebensstraße

Mein Leben begann so harmonisch, dass ich es heute selbst kaum begreifen kann. Mit meinen Eltern wohnte ich in einer kleinen Seitenstraße meines Heimatortes, in der kaum Autos fuhren. Nicht nur das: Überall konnte man Kinder spielen sehen und hören. Kleine Fahrräder, Bobbycars und ein Rudel lachender Kinder gehörten zum täglichen Bild unserer kleinen Welt.

Die Nachbarn kannten sich nicht nur, nein, sie lebten enge Freundschaften. Einer half dem anderen. Mehrmals im Jahr trafen sich alle Familien zu großen Straßenfesten. Mitten auf der Straße standen die Bierbänke und jeder brachte einen Salat mit, dann wurde der Grill angeworfen.

Es war ein freundliches Umfeld, in dem ich auf die Welt kam. Meine Eltern wünschten sich ein Kind und es gab ein großes Fest, als meine Mama mit mir als frisch geschlüpftem Würmchen nach Hause kam. Meine Eltern pflegten einen engen Kontakt zu meinen Großeltern mütterlicherseits. Jedes Wochenende waren wir dort. Wir haben mit unseren Cousinen und Cousins im Garten gespielt, sind gerutscht, haben geschaukelt und im Planschbecken getobt.

Diese Wochenenden waren wie eine Feier unseres Lebens für mich. Ganz besonders schön waren dann noch unsere Geburtstage. Meine Schwester und ich hatten viele Kinder und unsere große Verwandtschaft zu Besuch. Meine Mama war an

Kreativität nicht zu schlagen und dachte sich die spannendsten Spiele für uns aus. Sie konnte eine Schar von Kindern sehr gut in ihren Bann ziehen und steckte alle mit Freude und Abenteuerlust an.

Auch Musik war zu dieser Zeit oft zu hören. Zusammen mit unserer Mama sangen wir Lieder, die aussagten, dass Gott sich schon auf uns gefreut hat – noch bevor wir eigentlich geboren wurden.

Meine Mama war stolze Mutter und Hausfrau und hat Dienste in unserer Kirchengemeinde übernommen. Die freie Zeit, die meine Mama hatte, nutzte sie, um jeden Tag gesund zu kochen, mit uns schöne Dekorationen zu basteln oder Ausflüge zu machen, uns Dinge beizubringen und uns zu versorgen, wenn wir krank waren. Oder auch, um einfach mal Quatsch mit uns zu machen.

Mein Papa war sehr verspielt und freiheitsliebend. Unsere schönsten Momente hatten wir mit ihm, wenn wir uns auf dem Sofa an ihn gekuschelt haben, während er Zeitung gelesen hat oder wenn er uns herumgetragen hat. Ich glaube, den häufigsten Satz, den er in der Zeit gehört hat, war: „Nochmal, Papa, nochmal!" Er hat wirklich viel gelacht und hatte viele verrückte Ideen. Eine seiner großen Leidenschaften war es, mit der ganzen Familie in Schwimmbäder, Tierparks oder Freizeitparks zu fahren. Wir haben noch Tausende Fotos aus dieser Zeit. Er arbeitete in einer Firma als Außenhandelskaufmann und liebte seinen Beruf sehr. Er war mit allen Kollegen und seinem Chef per Du und fuhr ab und zu mit einigen von ihnen Motorrad.

Eine der schönen Erinnerungen, die ich habe, ist die Erinnerung an unsere Dorfgemeinschaft. Jeder im Ort kannte meinen Namen. An Sankt Martin oder Fastnacht gab es große Events, bei denen wir uns alle versammelt haben und wir Kinder Süßigkeiten bekommen haben. Wenn ich durch die Straße gelaufen bin, haben die Leute mich gegrüßt und gesagt: „Ach guck, dat is doch et Bopste[1] Eva! Wie, is dat awer groß woor!"

---

1   Der Rufname entstand aufgrund desjenigen, der das Haus gebaut hatte, in dem man lebte. In dem Fall „Papst", also „Bobste".

Krebs und der Feind allen Lebens und aller Freude

Ich brauche wohl kaum zu sagen, dass diese Idylle in meiner Kindheit nicht lange gehalten hat. Sonst wäre ich nicht die Person, die ich heute bin, und dieses Buch wäre nie entstanden.

Es begann damit, dass meine Oma immer öfter ins Krankenhaus musste. Sie hatte einen bösartigen Tumor, der so versteckt in einer Dünndarmschlinge lag, dass die Ärzte ihn viel zu spät entdeckten. Er hatte bereits gestreut. Dennoch versuchte man es mit Bestrahlungstherapie. Nun stellte sich die Frage, wer aus unserer Familie meine Oma pflegerisch unterstützen konnte, und die Wahl fiel auf meine Mutter. Meine Tante kam wegen eigener gesundheitlicher Belastungen nicht infrage, mein Onkel wohnte für eine so aufwendige Pflege viel zu weit weg und hatte ein Weingut zu verwalten.

Deswegen zogen wir, als ich sechs Jahre alt war, in das Mehrgenerationenhaus meiner beiden Omas um. Oma, Opa und Uroma im Erdgeschoss, wir in der Mitte und über uns meine Tante und ihre beiden Kinder. Meine Freunde wohnten mit einem Mal sehr weit entfernt. Weit weg von meinem gewohnten Umfeld und losgelöst von den spielerischen Zeiten mit den Großeltern in der Vergangenheit, begann ich, die Umgebung im Haus meiner Großeltern anders wahrzunehmen. In unserer Nachbarschaft wohnten alte Menschen und wirklich furchteinflößende Landwirte mit einem sehr bissigen Hund, der jedes Mal gegen den stark nach außen gewölbten Zaun sprang, wenn wir vorbeiliefen. Es schepperte gewaltig und meine kleine Schwester und ich waren uns nie sicher, ob der Zaun dieses scheinbar seelenlose Geschöpf überhaupt aufhalten konnte. Unsere Nachbarn hassten Kinder und drohten uns mit der Mistgabel, wenn wir zu nah an ihr Grundstück kamen. Die Straße vor unserem Haus war die Hauptstraße des Dorfes. Dort fuhren die Autos sehr schnell vorbei und es gab immer Verkehr.

Ich war mit der Situation überfordert und fühlte mich einsam. Die Stimmung im Haus war nun mehr bedrückend als einladend. Von der fröhlichen Atmosphäre, die ich als kleines Kind mit meinen Großeltern erlebt hatte, schien nicht mehr viel übrig zu sein. Dennoch gestaltete meine Mama mit aller Liebe unser Kinderzimmer. Wir hatten ein Hochbett, eine wundervolle Wandbemalung mit Tieren, die mit einem Fahrrad über einen Regenbogen fuhren, und eine Hängematte. Es gab viele Kisten mit schönen Spielsachen und Papa hatte eine Tellerschaukel an die Decke unseres Zimmers montiert, mit der wir wie wild im Raum umherschaukeln konnten. Diese kleine Idylle war wie eine Insel in dem stürmischen, unbarmherzigen Meer, in dem ich mich nun befand.

Immer häufiger wurde ich gebeten, mich um meine kleine Schwester zu kümmern. Und auch meine Hausaufgaben galt es zu erledigen, doch es fiel mir schwer, mich zu konzentrieren. Mama saß oft bis spätabends mit mir an den Aufgaben. Doch sonst war sie immer schwerer für mich zu erreichen. Manchmal hatte ich eine Frage und ging auf die Suche und fand sie einfach nicht.

Der Stress durch die Pflege ihrer eigenen Mutter begann sich in meiner Mama immer deutlicher zu zeigen. Irgendwann sprach er aus ihr heraus. Sie war ungeduldig mit mir. Sie band mich immer mehr in Verantwortlichkeiten ein, hatte aber gleichzeitig keine Zeit, um mir zu erklären, was sie von mir forderte. Ich war häufig verunsichert darüber, was ich zu tun hatte. Es gab keinen festen Plan oder Absprachen, alles musste spontan irgendwie funktionieren. Sie kam oft herein und ärgerte sich über etwas. Wie etwa, wenn die Spülmaschine nicht ausgeräumt oder das Zimmer nicht aufgeräumt war. Es war, als erwartete sie von mir, ihre Gedanken und Wünsche zu kennen, ohne sie vorher ausgesprochen zu haben. Dann war sie enttäuscht, wenn sie nicht das gewünschte Ergebnis vorfand. Das konnte schon bei scheinbar unbedeutsamen Kleinigkeiten so sein. Manchmal machte ich Dinge nicht, weil ich nicht daran gedacht hatte oder weil ich dazu eine Frage hatte. Aber für Fragen war keine Zeit. Es musste einfach irgendwie weitergehen. Meine Mama hatte selbst nicht richtig gelernt, Bedürfnisse zu kommunizieren. Das fehlte uns nun im Umgang miteinander.

Ich wurde unruhig. Fixierte mich mehr und mehr auf meine Mama, versuchte sie zu verstehen, ohne ihre Anweisungen, ihre Wünsche und Bedürfnisse überhaupt zu kennen. Das verursachte eine gewaltige innere Unruhe in mir, die von nun an zu meinem Alltag gehörte und lange Zeit unbemerkt blieb. Nachdem dieser Zustand einige Monate anhielt, entwickelte ich Allergien und Ticks. Ich träumte in der Schule und träumte zu Hause.

Ich kann mich noch sehr gut daran erinnern, wie ich wieder einmal mit meiner Mama noch bis um 6 Uhr abends an den Hausaufgaben gesessen hatte. Wir hatten gleich nach dem Mittagessen damit begonnen.

„Mama, wieso kann ich nicht mit den anderen Kindern spielen gehen?", fragte ich.

„Das hier ist viel wichtiger als die Zeit mit anderen Kindern, Eva! Erstmal musst du diese Aufgabe verstehen, danach kannst du etwas anderes machen."

Ich gab mein Bestes, versuchte, mich auf die Aufgaben zu konzentrieren. Doch wie sehr ich mich auch bemühte, ich las Sätze durch und wusste nicht mehr, was darin gestanden hatte. In der Schule hörte ich die Lehrerin sprechen, doch es war wie ein Rauschen für mich. Ich hatte keinen Zugang zu dem, was sie mir sagen wollte. Manchmal war ich so unaufmerksam, dass ich nicht einmal mitbekam, dass sie mich aufgerufen hatte.

Ich hatte aber eine ausgeprägte Fantasie und verbrachte viel Zeit mit meinen Kuscheltieren, mit denen ich Abenteuer durchspielte. Meine Schwester und ich bauten uns Höhlen aus Decken und Kissen. Doch auch sie war nicht immer erreichbar für mich.

Meinen Papa sah ich in dieser Zeit noch weniger. Er war arbeiten. Wenn er nicht arbeiten war, traf er sich oft mit Freunden. Bei Anliegen innerhalb der Familie orientierte er sich sehr an meiner Mama. Wenn ihr etwas nicht passte, war er auch unzufrieden. Wenn sie etwas einforderte, pflichtete er ihr bei.

In dieser Zeit vermisste ich es, Menschen um mich herum zu haben, die wirklich zu mir hielten oder sich für meine Bedürfnisse einsetzten. Wenn ich mich einmal verletzte oder mir etwas fehlte, reagierten meine Eltern häufig mit Sätzen wie: „Ach, ist doch nicht so schlimm." Oder: „Stell dich nicht so an." Meinem Vater fiel es nicht leicht, mich zu fragen, was ich auf dem Herzen hatte. Es kam vor, dass es Spannungen gab, die so weit gingen, dass mein Papa mir mit Schlägen drohte. Dadurch fühlte ich mich sehr schlecht und wurde ängstlich.

Auch wenn ich verträumt war als Kind, war ich dennoch nicht gänzlich in mich gekehrt. Ganz im Gegenteil, ich konnte sehr ausdrucksstark sein. Ich hatte eine sehr sensible und empfindliche Wahrnehmung und konnte sie gut zu Papier bringen, indem ich Geschichten schrieb oder malte. Mein Lachen war schon früh sehr durchdringend und kraftvoll, weshalb ich in der Zeit, in der wir mit meinen Großeltern im Haus lebten, oft Zurückweisung durch sie erfuhr. Auf der Suche nach Gemeinschaft ging ich zu meiner Oma und Uroma. Begann zu erzählen, zu singen, zu lachen. Doch sie hatten dafür nicht viel übrig.

Die beiden, oder auch meine Mama, wiesen mich in solchen Momenten regelmäßig scharf zurecht: „Geh raus! Wir können dich hier nicht gebrauchen!" Wenn sie es auch genossen hatten, mich und die anderen Kinder unserer Großfamilie im Kleinkindalter um sich herum zu haben, so waren sie nun völlig wesensverändert und abweisend. Diese Abweisungen rissen eine tiefe Wunde in mir auf, die sehr lange brauchen sollte, um zu heilen. Noch viele Jahre später war sie mein ständiger Begleiter. Es sollte eine Zeit kommen, in der ich alles daransetzte, um die Anerkennung von jungen Männern zu bekommen, damit ihre Nähe ein Balsam auf dieser Wunde werden konnte. Doch mit jeder Begegnung wurde die Wunde nur noch größer. Aber davon erzähle ich später.

Die Luft im Haus meiner Großeltern war mittlerweile so dick, dass man darin kaum atmen konnte. Jede Freude wurde gleich im Keim erstickt.

Dabei hatte ich immer wieder kreative Ideen. Ich mochte es, mit meinen kleinen Cousins und Cousinen Raubtier zu spielen oder unseren Garten in einen Wasserspielplatz zu verwandeln. Das stieß aber auf ärgsten Widerstand bei den Erwachsenen. „Du hast ja nur Dummheiten im Kopf! Du bist zu nichts zu gebrauchen! Kannst du denn nicht mal ein Vorbild für die Kleineren sein?! Du bist ja die Schlimmste von allen zusammen!" Sie konnten nicht verstehen, warum ich nicht etwas in ihren Augen Sinnvolles tat. Zum Beispiel im Haus zu arbeiten. Für meine Spielereien und Fantastereien hatten sie nicht viel übrig.

Doch ich war nicht die Einzige, die mit Ablehnung konfrontiert war. Auch mein Vater war in den Augen meiner Oma und Uroma ein Anstoß. Und selbst meine Mutter musste sich – trotz ihres großen Einsatzes – ständig Nörgeleien und Vorwürfe anhören. Meine Oma drangsalierte sie regelrecht und forderte sie ständig auf, etwas für sie zu tun. Wenn ihr etwas nicht passte, gab es großen Ärger. Eigentlich gab es in jeder Hilfestellung meiner Mama etwas, das sie falsch machte und „übersehen" hatte. Meine Mama war überladen mit Schuldgefühlen und verlor ihr Selbstvertrauen. Sie war massiv verunsichert und drehte sich um sich selbst und all ihre Sorgen. Ich werde nie vergessen, wie oft meine Oma mit einem sehr lieblosen Tonfall nach meiner Mama rief. „Heikeeee, Heikeeee!" Meine Mama bekam dann immer den Blick von einem scheuen Reh, das eine Gefahr witterte, und lief sofort los. Es war, als ob jemand mit einer Peitsche hinter ihr her war. Sie kam kaum noch zur Ruhe. Ihre Gespräche drehten sich nur noch darum, was zu tun war, damit alle im Haus versorgt waren. Wer braucht wann welche Versorgung, was essen wir als Nächstes, was muss eingekauft werden, braucht noch jemand etwas aus der Apotheke? Letztlich hörte sie nie damit auf zu versuchen, ihr Bestes zu geben. Es kostete sie alles.

Es gab nur wenige Momente, in denen meine Mama von ihrer Mutter und Großmutter wahrgenommen und scheinbar akzeptiert wurde – und das war, wenn sie selbst Unzufriedenheit oder Bitterkeit über etwas ausdrückte, was sie im Alltag durchmachen musste. Es war, als ob die beiden keine andere Sprache verstanden. Lebensfreude, Zufriedenheit oder Lachen war ihnen fremd. Sie empörten sich regelrecht, wenn jemand in ihrer Gegenwart mit Leichtigkeit durch den Tag ging. Jeder sollte Anteil an ihrem Leid nehmen. Es war ihnen, als machte man sich über sie lustig oder als wollte man sie beleidigen, wenn jemand sich in ihrer Gegenwart über etwas freute.

Meine Mama ließ sich immer mehr auf die bittere und lieblose Lebensmelodie ihrer Mutter und Großmutter ein. Auch ihre Gedanken waren mit der Zeit nur noch von Schmerz und Krankheit bestimmt. Sich etwas Gutes zu tun und eine Pause zu machen, kam für sie nicht infrage. Es erschien ihr egoistisch. Sie war geplagt von einem schlechten Gewissen gegenüber meiner

Oma und Uroma. Von Mal zu Mal fühlte meine Mama sich immer mehr von etwas gestört. Dazu kam, dass sie wirklich permanent am Ende ihrer Kräfte war.

Da ich die größere von uns Schwestern war, waren Mamas Erwartungen an mich entsprechend hoch. Sie war oft überfordert mit mir und begann bei meinen Großeltern über mich zu klagen. Es vergingen einige Wochen, einige Monate und sie steigerte sich in diese Klage hinein. Es war nicht so, dass sie ständig mit mir schimpfte oder mir sagte, was ich verbessern könnte. Wenn wir in unserer Wohnung waren, dann hatten wir oft einfach Gemeinschaft und lebten den Alltag. Doch sobald wir die Wohnung meiner Großeltern betraten, war es, als tauchten wir in eine finstere Blase ein. Meine Mama sagte dort Dinge über mich, von denen ich nicht wusste, dass dies ihre Meinung war. Sie beschwerte sich über mich, lauthals. Während ich dabei war. Sie ärgerte sich über Dinge, die sie zuvor mir gegenüber nie erwähnt hatte. Wie lästig es sei, dass ich mich in der Schule nicht konzentrieren könne. Wie anstrengend es sei, mich durch den Alltag zu begleiten. Dass nichts funktioniere, was sie mir zeigte. Ich weiß, dass es wirklich schwer für Mama war und sie in diesen Momenten eine ganz reale Not hatte. Doch das Resultat war, dass meine Oma und Uroma mich regelrecht verachteten. Zusätzlich machte es mir sehr zu schaffen, diese Klage über mich anzuhören. Ich war schockiert, weil ich scheinbar viele schlimme Dinge tat, die mir selbst nicht gesagt wurden. Dies nun aber im Kreis meiner Großfamilie ausgebreitet zu hören, war für mich, als würde mich jemand auf offenem Feld völlig unvorbereitet und schutzlos von allen Seiten attackieren. Meinen Opa erlebte ich in dieser Zeit nicht als hart oder abweisend, sondern mehr als zurückhaltend und besorgt. Auch er schien seine Zweifel zu haben, was aus mir werden sollte.

Alles, was ich nicht konnte, wurde durchexerziert bis ins letzte Detail. Ich war in den Augen meiner Großfamilie ein richtiges Problemkind und sie scheuten nicht davor zurück, mir das genau so zu sagen. Das war für mich sehr schmerzhaft und ich hatte das Gefühl, ein Störfaktor zu sein. Was auch immer ich tat, dachte, äußerte – ja alles, was mich ausmachte –, brachte scheinbar eine Belastung in das Leben meiner engsten Mitmenschen. Dadurch legte sich eine Schwere auf mein Leben. Diese Schwere und das Gefühl, dass mein Leben nichts als eine Last darstellte, hätten viele Jahre später fast dazu geführt, dass mein Leben viel zu früh beendet gewesen wäre. Aber auf diese Kapitel komme ich später zurück.

Einmal im Jahr gab es diese Tage, an denen sich auf wundersame Art und Weise eine Türe öffnete und ich plötzlich durchatmen konnte. Das war, wenn mein Papa mit meiner Schwester und mir zur Vater-Kind-Freizeit fuhr. Ich war noch nicht im Schulalter, als wir dort zum ersten Mal hinfuhren. Ab da waren wir immer an Christi Himmelfahrt für vier Tage dort. Diese Zeit konnte ich das ganze Jahr über schon kaum abwarten.

Die Freizeit fand in einem evangelischen Veranstaltungshaus im Westerwald statt. Das Gebäude war groß und aus dem Speisesaal roch es immer herrlich nach frischen Speisen. Es gab eine sehr große Gartenanlage am Haus, mit einem liebevoll gestalteten Bereich für Kinder, mit einem Kletterparcours und einigen Hütten aus Weidesträuchern.

Das größte Highlight für mich war ein Atelier, das sich im Erdgeschoss des Anbaus befand. Dort standen große Staffeleien und mit Farbe bekleckste Stühle. Im Zimmer nebenan gab es eine Werkstatt, in der mit Holz gearbeitet werden konnte. Es roch dort überall nach Acryl, frisch verarbeitetem Holz und Ton. Später in meinem Leben machte ich immer wieder die Erfahrung, dass die Kunst ein Weg für mich war, um mich auszudrücken. Selbst – oder gerade – dann, wenn ich eine große Leere in mir fühlte und mich von niemandem verstanden glaubte.

Ich erinnere mich noch an unsere gemeinsamen Aktivitäten auf dieser Freizeit. Wir begannen jeden Morgen mit einer großen Versammlung, in der sich alle Väter mit ihren Kindern in einem lichtdurchfluteten Saal zusammenfanden. Es gab eine kleine Andacht, die von dem Leiter der Freizeit gehalten wurde, und wir sangen ein paar Lieder zusammen. Das war oft urkomisch, weil die Väter meistens in einem sehr tiefen Ton sangen und die Kinder mit ihren hellen Stimmen kaum dagegen ankamen. Wir gaben uns oft Mühe, besonders schrill zu singen, um die Väter zu übertrumpfen. Diese ließen sich die Herausforderung nicht nehmen.

Zum gemeinsamen Frühstück gab es ein ganz herrliches Büfett. Danach unternahmen wir Ausflüge, spielten große Gemeinschaftsspiele oder lebten unsere Kreativität im Atelier aus. Wir gingen in den Park und tobten über die Wiese. Wir spielten Schnitzeljagd im ganzen Wald und bauten Staudämme im Fluss. Im großen Saal veranstalteten wir Olympiaden und Wettkämpfe. Abends saßen wir zusammen am Lagerfeuer und machten Stockbrot.

Es gab nicht viel, was mir damals so viel bedeutete wie diese Freizeiten. Einmal fiel diese Zeit genau auf meinen Geburtstag. Wir veranstalteten dort eine große Feier für mich und ich wurde auf einem Stuhl durch den ganzen Saal getragen. Alle sangen mir Geburtstagslieder und es gab einen leckeren Kuchen für uns alle. Das war sowas von großartig! Es war eine lebensfrohe Zeit, die mir Kraft gab, um durch den Alltag zu kommen und die Welt mit neuen Augen zu sehen.

Zumindest bis zum nächsten Zwischenfall.

Das letzte Einhorn

In der zweiten Klasse schrieb meine Lehrerin mir folgende Einschätzung in mein Zeugnis: *„Eva muss häufig zu mehr Beteiligung am Unterricht aufgefordert werden, sie ist oft verträumt und unaufmerksam. Mit den schriftlichen Arbeiten beginnt sie nur zögernd, sie trödelt oder ist abgelenkt. Bei der Ausführung von Arbeitsaufträgen zeigt sie oft Unsicherheit und braucht zusätzliche Hilfe."*

„Stell dir vor, du und ich. Wir sind die letzten Einhörner. Wir müssen uns im Wald verstecken!"

„Ja, wir müssen schnell sein! Sie sind uns dicht auf den Fersen! Am besten verstecken wir uns in einer großen Höhle! Aber wie können wir dort nur etwas zu essen finden?"

„Ich weiß es, wir gehen tiefer hinein. In der Mitte der Höhle, da finden wir eine unterirdische Oase. Dort gibt es einen Baum. Seine Wurzeln müssen wir essen. Sie machen uns satt und sie heilen sogar Krankheiten!"

„Ja, jetzt aber schnell, sie finden uns sonst noch!"

„Eva, was habe ich gerade gesagt? Hörst du mir überhaupt zu? Eva! Ihr beiden solltet nicht zusammensitzen. Beim nächsten Mal setze ich euch auseinander!"

Ich hatte eine Freundin in der Grundschule, die genauso verträumt war wie ich. Ihr Name war Frederike. Ich mochte sie wirklich gerne. Ihre Mama arbeitete im Theater als Maskenbildnerin und wir durften ab und zu in die Theaterwerkstätten kommen, um ihr und den anderen Mitarbeitenden bei der Arbeit zuzuschauen. Das waren unvergessliche Erlebnisse. Wir schauten uns Kinderoperetten an und lernten die Darsteller von Papageno und Tamino aus der Aufführung der Zauberflöte kennen. In den Werkstätten der Oper gab es schillernde Kostüme aus verschiedenen Epochen. Große Ballkleider, königliche Anzüge. Regale standen voll mit hohen Perücken und flauschigen Tiermasken. Ein Bärenkopf schaute mich mit seinen Knopfaugen an. Staunend erkundeten wir die verschiedenen Räume. In der Malerwerkstatt wurden große Requisiten erstellt. Jemand malte einen zauberhaften Wald auf große Sperrholzplatten.

„Kannst du dir vorstellen, Eva, wie lange es dauert, so eine Perücke herzustellen?", fragte mich Frederikes Mama. „Es dauert mehrere Wochen. Schau mal, das sind alles echte Haare. Wir müssen jedes einzelne Haar in die Perücke einnähen. Das machen wir mit einer Nähnadel."

„Boah!"

Nicht nur die Theaterwerkstatt versetzte mich in märchenhafte Welten. Meine Schwester und ich liebten es auch, Hörbücher anzuhören. Wir mochten gerne Märchen und Geschichten mit Tieren. Als ich in der zweiten Klasse das Lesen einigermaßen gut beherrschte, verschlang ich ein Buch nach dem anderen. Ich hatte eine große Sehnsucht, etwas Besonderes zu erleben. Etwas wie ein Abenteuer. Ich liebte es, den Jungen in unserer Klasse zuzuhören, wenn sie von ihren großen Visionen sprachen. Vom Fliegen, von starken Kämpfern, von Detektiven, Erfindern und Piraten. Sie spielten es nach, Tag für Tag. Der Pausenhof war immer wieder erfüllt von marschierenden Soldaten, von Funkrufen der Piloten, von starken Polizisten während der Festnahme von Einbrechern, die sie auf frischer Tat bei einem Beutezug erwischt hatten.

Ich wäre selbst gerne ganz besonders gewesen. Hätte gerne eine besondere Gabe gehabt oder ein besonderes Schicksal. Oft schaute ich aus dem Fenster und stelle mir vor, ein weißes Pferd zu sein, das unbeschwert über die grünen Felder galoppierte.

Solange meine Freundin Frederike mit mir zur Schule ging, hatte ich dort noch eine recht angenehme Zeit. Das sollte jedoch nicht von Dauer sein.

„Nach den Sommerferien wird Frederike nicht mehr wiederkommen, Eva. Dann kannst du dich endlich besser auf deine Aufgaben konzentrieren", sagte meine Lehrerin am Ende der zweiten Klasse zu mir. Ich war geschockt. Frederike? Meine beste Freundin? Sie hatte mir davon nichts erzählt! Ich lief zu ihr, um zu fragen, was mit ihr passieren würde. Ihre Eltern hätten sich getrennt, erzählte sie mir traurig, und die Mutter habe eine neue Arbeitsstelle in einer anderen Stadt gefunden.

Nun hatte ich keine Freundin mehr in meiner Klasse. Die anderen Mädchen lebten in einer mir fremden Welt. Viele von ihnen waren schon acht Jahre alt, ich war eines der jüngsten Mädchen in der Klasse und noch sieben. Ich konnte in ihren Gesprächen nicht richtig Fuß fassen. Sie klagten sich gegenseitig an, stritten sich über Kleidung oder darüber, wer die Hübscheste war und die meisten Freundinnen hatte. Es machte mich müde und bereitete mir Bauchschmerzen, jedes Mal, wenn ich solche Auseinandersetzungen mitbekam. Manchmal waren es harmlose Gespräche, kleine Kabbeleien. Mir jedoch kamen sie vor wie zerstörerische Kriegsführung. Es widersprach allem, was mir wichtig war. Warum konnten die Mädchen nicht friedlich miteinander sein?

Etwa zu dieser Zeit entschloss ich mich, von nun an wie ein Junge zu sein. Meine Mama erlaubte mir, nachdem ich sie inbrünstig darum gebeten hatte, meine Haare zu einem sehr kurzen Bob zu schneiden. Wenn mich jemand aus der Verwandtschaft ansprach und mir sagte: „Eva, was hast du denn gemacht? Du siehst ja wie ein Junge aus!", dann erfüllte mich das mit großem Stolz. Ich hatte mein Ziel erreicht.

Meine Zeit verbrachte ich nun überwiegend mit Jungs. Sie schienen unkomplizierter zu sein. Sie beeindruckten mich. Es war anders als bei den Mädchen, jeder konnte jemand Besonderes sein. Es brauchte häufig nur eine clevere Idee oder eine beeindruckende Geschichte. Natürlich waren diese Ideen nicht immer nur gut. Wir staunten nicht schlecht, als einer der Jungen in der Grundschule auf dem Pausenhof heimlich zu rauchen begann. Er wurde dann aber schnell erwischt und davon abgehalten, es wieder zu tun. Doch das sollte nicht die einzige Idee sein, die in den Köpfen der Jungen herumgeisterte. Sie sollten mich noch in große Schwierigkeiten bringen.

Aber die Schwierigkeiten warteten auch zu Hause auf mich. Sie kamen, wo ich sie nicht erwartete. Es war der Sommer, in dem ich acht Jahre alt war. Das gleiche Jahr, in dem Frederike die Schule verließ. In einer der Nächte schreckte ich aus dem Schlaf auf, schweißgebadet. Ich keuchte und röchelte, bekam kaum Luft. Ich setzte mich auf und spürte, wie eine unglaubliche Not in mir ausbrach. Was konnte ich tun, wie könnte ich mich bemerkbar machen? Mit aller Kraft und schweren Schritten lief ich ins Schlafzimmer meiner Eltern. Sie reagierten nur schwerfällig. Ich presste heraus, dass ich keine Luft bekam. Sie baten mich darum, zu erklären, was mit mir los sei, als mir schwarz vor Augen wurde und ich umkippte.

Ich kam schnell wieder zu mir, hatte aber weiterhin Luftnot. Mein Vater tätschelte an mir herum, versuchte mir zu helfen. Meine Panik stieg noch mehr an. Ich versuchte mich zu wehren, schaffte es aber kaum. Ich wollte nicht angefasst werden, alles fühlte sich schlimm an für mich. Es dauerte gefühlt eine Ewigkeit, bis mein Vater sich entschloss, mit mir zum Arzt zu fahren. Der Arzt wohnte weit weg, wir brauchten 20 Minuten bis dorthin. Es war die schlimmste Autofahrt meines Lebens. Jede Kurve, jede Bodenwelle fühlte sich für mich wie eine

Lebensbedrohung an. Ich schnappte nach Luft und mein Herz schlug mir bis zum Hals. Als wir endlich angekommen waren, gab mir der Arzt ein Notfallspray und erklärte meinem Vater, was zu tun war. Er sagte, dass ich einen starken Asthmaanfall hatte und dass meine Eltern mit mir zum Lungenfacharzt fahren sollten, um mich auf die richtigen Medikamente einzustellen.

Meine Eltern, insbesondere meine Mama, versuchten, mir beizustehen und sich um meine Gesundheit zu kümmern. Dass es mir schlecht ging, verursachte in mir noch mehr das Gefühl, eine Last für meine Familie zu sein.

Es gab Situationen, die ein wenig meine Unsicherheit loslösen konnten. Das war immer dann, wenn alle Kinder zusammen spielten. Wir spielten Räuber und Gendarm auf dem Pausenhof. Oder auch Farbenfangen und Tierfangen. Ich wollte nichts lieber spielen als diese Spiele – auch, wenn ich durch mein Asthma in der Pollenzeit größte Schwierigkeiten dabei hatte und kaum mithalten konnte. Andere Spiele mochte ich dagegen überhaupt nicht. Es war mir furchtbar unangenehm, wenn die Mädchen aus meiner Klasse ein Gummitwist mitbrachten und wir Spiele spielten, bei denen am Ende jemand ausgelacht wurde. Das kam nicht selten vor.

Diese Unsicherheit zog sich auch bei den letzten Versuchen durch, etwas mit den Mädchen aus meinem Alter zu unternehmen. Einmal haben wir versucht, Inliner zu fahren. In der Wohnung, gleich neben der Treppe, die hinunter ins Erdgeschoss führte. Ich war ziemlich aufgeregt, weil ich noch nie auf Inlinern gestanden hatte, und hatte furchtbare Angst, die Treppe hinunterzufallen. Doch die Mädchen drängten mich dazu, es unbedingt auszuprobieren. Ich solle einfach keine Angst haben. Es sei ganz leicht. Sie hätten es auch alle ganz schnell gelernt. Ohne mich vorzuwarnen, schubste mich eines der Mädchen kräftig von hinten an. Ich verlor das Gleichgewicht und fiel auf mein Steißbein. Mir wurde schwindelig und ich hatte starke Schmerzen. Ich stöhnte auf, während die Mädchen nur lachten. Als sich mein Gesichtsausdruck aber nach einer Weile nicht veränderte, riefen sie die Mutter dazu. Dann gab es erstmal Ärger für uns alle. Was wir uns dabei nur denken würden, Inliner im oberen Stockwerk zu fahren. Ich schämte mich sehr. Danach habe ich mich mit keinem der Mädchen mehr verabredet.

Stattdessen eiferte ich weiter den Jungen nach. Die waren immer davon getrieben, etwas Aufregendes zu erleben und kennenzulernen. Und wie schon erwähnt, bedeutete das auch für mich Schwierigkeiten. Es war noch in der zweiten Klasse, als einer der Jungen auf mich zukam und mir sagte, dass wir uns verstecken sollten. Wir waren auf dem Spielplatz und kletterten auf die Rutsche, wo es einen Sichtschutz gab. Dann zog der Junge seine Hose herunter und bat mich, das Gleiche zu tun. Er war sehr aufgeregt. Dann erklärte er mir, dass die älteren Jungen ihm gesagt hätten, dass er da einen Pipimann habe und dass der bei mir in die Scheide kommen kann, wenn er ganz fest wird. Die älteren Jungen hätten davon sehr viel geredet. Es solle wohl ein ziemlich gutes Gefühl sein.

Einige Tage später kamen die Jungen zu zweit auf mich zu und riefen mich. Ich sollte mit ihnen ins hoch gewachsene Feld kommen und mich mit ihnen verstecken. Sie wollten, dass ich niemandem etwas davon erzählte. Dann baten sie mich wieder, meine Hose auszuziehen. Sie wollten mich gerne anfassen. Ich fühlte mich unwohl und sagte, dass ich nicht glaubte, dass wir gut genug versteckt seien. Gleich darauf kamen Erwachsene den Weg entlang und riefen uns etwas nach. Ich zog schnell meine Hose hoch und rannte weg. Irgendwie dämmerte es mir, dass das noch nicht alles gewesen sein konnte.

Es kam ein Tag, an dem die Jungen aus dem Dorf etwas Größeres geplant hatten. Es war in den Sommerferien nach dem zweiten Schuljahr. Wir versammelten uns alle an einem alten Baumhaus. Es war sehr gut versteckt, rundherum gab es nur Gestrüpp und wir waren einige hundert Meter vom Dorf entfernt. Niemand würde uns hier finden. Ich hatte keine Idee davon, was gleich passieren würde, aber ich war das einzige Mädchen. Das war mir aufgefallen. Es gab etwa acht Jungs, die meisten gingen noch in die Grundschule so wie ich. Manche waren schon älter. Einer der älteren Jungen ergriff das Wort. Wir mussten alle versprechen, dass wir niemandem etwas sagen würden von dem, was hier passieren würde. Und schon gar keinem Erwachsenen. Er erklärte den Jungen irgendetwas, das ich nicht richtig verstand. Ich war ganz aufgeregt und fühlte mich, wie wenn ich eine Mutprobe bestehen sollte. Es war eine Ehre für mich, dass ich in die Geheimnisse der Gruppe mit eingeweiht wurde. Ich fühlte mich den Jungen zugehörig, fast wie einer von ihnen. Ich war stolz, dort zu sein.

Der Junge, der das Wort ergriffen hatte, zeigte auf mich und sagte, dass ich als Mädchen etwas Besonderes sei, weil ich Brüste habe und eine Scheide. Nun hatte ich alle Aufmerksamkeit, als einziges Mädchen. Bewunderung für die Jungen und eine aufgeregte Erwartungshaltung erfüllten mich. Der Wortführer bat mich, meine Kleider auszuziehen, und kam zu mir. Er zog ebenfalls seine Hose herunter und legte sich auf mich, als plötzlich ein Junge aufgeregt rief: „Wir sind verpetzt worden! Schnell, verzieht euch! Der Pfarrer ist auf dem Weg hierher!" Schnell wie der Blitz rannten die Jungen fort. Auch der Junge, der sich auf mich gelegt hatte, zog schnell seine Hose hoch und rannte davon. Ich war die Letzte, die an dem Ort übrig blieb. Panik überfiel mich. Ich hatte furchtbare Sorge, bestraft zu werden. Vielleicht verprügelt zu werden. Es dauerte unendlich lange, bis ich es schaffte, wieder in meine Kleider zu schlüpfen. Dieser Vorfall, dessen Bedeutung ich damals kaum greifen konnte, sollte Konsequenzen haben, die nicht lange auf sich warten ließen.

Zunächst aber folgten die Konsequenzen zu Hause. Die Frau des Pfarrers sprach mit meiner Mama. Meine Mama war voller Sorge und versuchte mir zu erklären, dass das keine gute Sache war, was da am Baumhaus passiert war. Ich kann mich nicht an ihre Worte erinnern, aber an den Schmerz, der in mir aufkam. Ich war zutiefst beschämt. Es war mir auch unbegreiflich, dass sie so schlecht über das Verhalten der Jungen sprach. Ich hatte ihnen doch vertraut und sie alle gemocht. Ich hatte mich bei ihnen angenommen gefühlt und sie als meine Freunde gesehen. Konnte es wirklich so verwerflich gewesen sein, was sie getan hatten? In einem weiteren Moment wurde ich völlig bleich. Ein beängstigender Gedanke kam mir: Wenn die Jungen jetzt alle Ärger bekommen würden wegen etwas, was sie mit *mir* gemacht hatten – dann würde das vermutlich heißen, dass sie nichts mehr mit mir zu tun haben wollten! Vielleicht würden meine Eltern auch nicht mehr erlauben, dass ich Zeit mit ihnen verbrachte!

In den Wochen und Monaten nach diesem Vorfall begab ich mich auf die Suche nach Antworten. Ich fand immer mehr Informationen zu dem Thema Sexualität und begann, heimlich nachts ins Wohnzimmer zu schleichen und Softpornos zu schauen, die zu dieser Uhrzeit im Fernsehprogramm liefen. Ich war keine zehn Jahre alt, als ich anfing, mich selbst zu befriedigen. Immer, wenn es unter den Jungen Gespräche gab, in denen das Thema Sex aufkam, wurde ich sehr hellhörig. Ich wollte alles darüber wissen. Mir wurden Zeitschriften gezeigt mit nackten Menschen, ich fand überall sexualisierte Inhalte. Ich wollte alles verstehen über das, was die Jungen im Ort doch so faszinierte. Denn ich wollte nicht allein sein. In mir mischten sich Angst und Scham.

Es sollte sich noch mehr verändern. Noch im gleichen Jahr, in dem all diese Ereignisse stattfanden, starb meine Oma. Ich hatte erst gar nicht verstanden, was passiert war. Meine Mama und meine Tante waren aufgeregt und besprachen sich miteinander. Schließlich fragten sie mich, ob ich mich von meiner Oma verabschieden wolle. „Ist Oma gestorben?", fragte ich. Die Antwort fiel knapp aus. Wir gingen durch den kühlen, dunklen Flur meiner Großeltern in das Schlafzimmer meiner Oma, wo sie leblos auf dem Bett lag. Das Gesicht war grau, ihren Blick hatte sie an die Decke gerichtet. Als ich sie so sah, fühlte ich nichts. Als wir von dem Ort weggingen, fühlte ich nichts. Als ich in den nächsten Wochen darüber nachdachte, fühlte ich nichts. Es gab einen Moment, in dem ich weinen musste – allerdings mehr, weil mir meine Mama leidtat. Ihr ging es nicht besonders gut in der Zeit.

Unsere Umstände veränderten sich nun ein wenig. In unser Haus kehrte etwas mehr Ruhe ein, obwohl inzwischen auch meine Uroma pflegebedürftig wurde. Sie hatte Tumore im Kopf. Doch im Gegensatz zu meiner Oma entwickelte meine Uroma auf einmal einen ganz spitzbübischen Humor. Wenn meine Mama ihr aus dem Bett aufhalf, rief sie munter: „Ruck, zuck kracht die Wendung!" Der Stress meiner Mama ließ ein wenig nach und auch bei mir kehrte die Konzentration etwas mehr zurück, sodass ich das dritte und vierte Schuljahr noch gut bestehen konnte.

Während dieser Zeit machten wir oft große Wanderungen durch ein Tal hinunter an den Rhein, um dort gemeinsam ein Eis zu essen. Oder wir zündeten ein großes Lagerfeuer an, darauf grillten wir Stockbrot und Würstchen. Mein Opa und meine Tante und ihre Familie kamen mit, begleitet von einem sehr verspielten braunen Labrador. Diese Ausbrüche aus dem Alltag haben mir in der Zeit sehr gutgetan.

In der Schule waren meine Leistungen nicht herausragend, aber auch nicht gravierend schlecht. Meine Lehrerin sprach am Ende der vierten Klasse eine Empfehlung für die Realschule für mich aus. Das war für mich völlig in Ordnung. Es war eine coole Schule und junge Menschen, die ich bewunderte, gingen dorthin. Ich freute mich, dass ich zum ersten Mal Bus fahren konnte. Der Bus war immer wieder voller Action. Die Jungs plusterten sich ständig auf und hatten Wettstreite miteinander, wer unter ihnen der Beste war. Das brachte mich immer wieder zum Lachen. Ich selbst war nirgendwo so richtig zugehörig, beobachtete mehr.

Manchmal verbrachte ich Zeit mit den Mädchen aus meiner Klasse, stellte aber recht schnell fest, dass sie sich für Themen interessierten, die von mir weit entfernt waren. Sie wollten lernen, wie man sich schminkt, und sie blätterten durch Modemagazine. Ich hingegen interessierte mich weiterhin für Fantasy. Es gab die ersten Harry Potter Bücher und ich verschlang sie wie heiße Pommes. Gleich neben unserer Schule gab es eine Bücherei, wo ich viel Zeit verbrachte. Auf der anderen Seite der Schule gab es eine große Turnhalle, wo ich im Turnverein anfing, Volleyball zu spielen. Das machte mir viel Spaß und lockerte mich sehr auf. Ich hatte dort regelmäßig Lachanfälle.

Während ich in der fünften und sechsten Klasse war, kam ich in der Schule ganz gut mit. Ich malte viele kleine Skizzen in meine Hefte und Blöcke und hörte einfach zu. Dann meldete ich mich und hatte meistens sogar die richtige Antwort parat. Das erstaunte meine Mitschüler sehr, weil ich nach außen nicht konzentriert wirkte und mit dem Malen beschäftigt schien.

Noch in der fünften Klasse sagten die Lehrkräfte häufig zu uns, dass viele von uns schon viel zu weit für ihr Alter wären. Das bestätigte sich recht schnell. Mit elf Jahren wurde eine Klassenkameradin von mir schwanger. Sie hatte sich in einen älteren Jungen verliebt und sich häufiger mit ihm getroffen. Sie war ganz unscheinbar, sehr zurückhaltend und vielleicht auch ein bisschen schüchtern. Alle in der Klasse waren in großer Aufruhr deshalb. Manche Mädchen versuchten sie davon zu überzeugen, dass sie sich auf keinen Fall mehr mit diesem Jungen treffen sollte. Sie bekam Unterstützung von ihren Eltern und brachte tatsächlich einen kleinen Jungen zur Welt. Meine Mama beschäftigte der Vorfall sehr lange. Es schien ihr zuzusetzen, wie so etwas nur passieren konnte.

Ich selbst hatte mit elf Jahren immer wieder starke Unterleibsschmerzen. Meine Mama fuhr in dieser Zeit mit mir zu einer Heilpraktikerin, die etwas Neues bei mir ausprobieren wollte und fragte, ob ich dafür offen sei, eine Meditation mit ihr zu machen. Sie wollte meine „Chakren" aktivieren und dadurch innere Blockaden bei mir lösen. Die Chakren sollten für den Energiefluss im Körper sorgen. Eine Blockade der Chakren könne sich als körperliche Beschwerde manifestieren. Mehrmals fuhr ich zu ihr, doch ihre Ansätze schienen mein Leid nicht zu lösen. Die Schmerzen wurden immer stärker und so musste ich schließlich ins Krankenhaus gehen.

Dort stellte sich dann heraus, dass sich eine große Zyste in meinem Unterleib gebildet hatte. Ich hatte Verwachsungen, die geöffnet werden mussten. Nach der OP habe ich so stark geblutet, dass ich keine Hose tragen konnte. In diesem Zustand wurde ich häufiger auf einem Toilettenstuhl durch den Flur der Station geschoben. Aber ich habe nichts gefühlt. Über die vorherigen Jahre waren so viele zutiefst beschämende Ereignisse geschehen und ich hatte solche starken Demütigungen erfahren, dass ich im Krankenhaus nichts mehr wahrnehmen konnte, obwohl ich halb entblößt und blutend durch den Flur geschoben wurde. Die vergangenen Jahre hatten mein Herz so stark verändert, dass meine Wahrnehmung taub geworden war. So hat es mich auch nicht sehr stark berührt, als meine Uroma in dieser Zeit starb.

Lagerfeuer und die Stimme Gottes

Nach dieser trostlosen Phase kam ein unverhoffter Lichtblick in mein Leben. Es gab einen neuen Anfang, einen Neubeginn. Das begann damit, dass ein neuer Pastor in unsere Region kam, der Jungen- und Mädchengruppen anleitete. Auch meine Eltern waren häufig mit ihm im Gespräch, denn er veranstaltete Gottesdienste und Gebetsabende in der Kirchengemeinde, in der sie mitarbeiteten.

Ich mochte ihn. Er hatte eine warmherzige Ausstrahlung und nahm sich immer wieder Zeit, uns Dinge über den Glauben zu erklären. Von ihm lernte ich sehr viel Neues. Er erzählte mir und meiner Familie, dass wir eine lebendige Beziehung mit Jesus haben können. Dass Jesus uns antwortet, wenn wir ihn ansprechen. Dass wir zu ihm sprechen können wie zu einem guten Freund. Er legte uns seine Hände auf den Kopf und betete für uns. Ich spürte, wie dabei ein warmer Strom durch meinen ganzen Körper floss. Es fühlte sich sehr angenehm an und berührte mein Herz.

Der Pastor betete: „Mein Vater, mein König. Ich danke dir, dass du für uns auf diese Welt gekommen bist. Dass du uns begegnen möchtest, weil du uns so sehr liebst. Bitte zeig dich jetzt und öffne uns die Ohren, damit wir dich hören können." Ich spürte, wie etwas in mir begann, in Bewegung zu kommen. Wie in einem Moment, in dem man barfuß in einen kühlen Bach springt. Es machte mich sehr neugierig, mehr davon zu erfahren, und ich freute mich umso mehr, als er meine Schwester und mich zu einem Zeltlager in den Sommerferien einlud.

Es war ein Mädchenzeltlager. Schon im Reisebus lernte ich ein liebes Mädchen kennen, das neben mir saß. Sie war schon öfter dort gewesen und erzählte mir ein bisschen von ihren Erfahrungen. Als wir ankamen, lag vor uns eine große grüne Wiese, die von Wald und Hügeln umgeben war. Ich war sehr aufgeregt, was als Nächstes geschehen würde. Wir wurden in zwei Gruppen eingeteilt, es gab die jüngeren Mädchen und die älteren Mädchen ab 12 Jahren. Ich wurde bei den älteren Mädchen eingeteilt und meine Schwester war bei den jüngeren. Wir durften unsere Zelte beziehen und unsere Schlafsäcke hineinlegen. Es waren große Zelte, die mit gelben Schaummatten ausgelegt waren. Ich teilte mir ein Zelt mit noch sechs anderen Mädchen. Jedes Zelt hatte eine Mitarbeiterin, die für die Mädchen Verantwortung trug.

Uns wurden ein paar Regeln für das Zeltlager mitgeteilt, als wir uns in einer großen Runde versammelten. „Wir laufen hier immer barfuß. Alle Zelte bilden eine Gemeinschaft, mit der man Punkte verdienen kann. Wenn eure Zelte ordentlich aufgeräumt sind, könnt ihr bis zu zehn Punkte gewinnen. Natürlich gibt es am Ende einen Preis für die Gewinner. Ihr könnt auch an Wettbewerben teilnehmen. Es gibt einen Sänger- und einen Erzähler-Wettbewerb. Die Wettbewerbe finden abends am Lagerfeuer statt."

Uns wurden die Duschen gezeigt. Sie waren selbst gebaut und an einen großen Wassertank angeschlossen. Das Mädchen aus dem Bus erzählte mir: „Manchmal haben wir Glück und dürfen als Erste duschen! Dann ist noch ein bisschen warmes Wasser im Schlauch, weil es von der Sonne aufgewärmt wurde. Aber wenn du später dran bist, dann ist es richtig kalt!" Ich lachte innerlich. Ich bemerkte, dass ich mitten in einem Abenteuer gelandet war. Und echte Abenteurer, ja, die können sich auch unter kaltes Wasser stellen! Nur das mit dem Aufräumen fand ich kitschig.

Das Leben in dem Zeltlager schoss mir durch die Adern wie ein prickelnder Wasserstrom. Alles fühlte sich sehr schnell sehr intensiv an. Ich konnte klarer sehen, besser riechen, intensiver fühlen. Der Lärm der Städte und Dörfer, die allgegenwärtige Elektrizität – hier hatten wir alles hinter uns gelassen. Der Duft von saftigem Gras und Wildkräutern lag mir ständig in der Nase. Abends saßen wir unter dem Sternenhimmel am Lagerfeuer und sangen Lieder. Lieder von einem liebenden Schöpfer, von einem Gott, der als Freund zu den Menschen kam. Der ein prächtiger König ist und ganz Mensch wurde. Ein Gott, der heute noch Wunder tut. Immer wieder wurden wir ermutigt, uns ganz nach Jesus auszustrecken. „Er kennt deine Wünsche, deine Sorgen und ihm kannst du alles erzählen! Du kannst dich ihm völlig anvertrauen, Eva. Er möchte dir begegnen", ermutigten mich die Mitarbeiterinnen. Ich war neugierig, fühlte mich völlig frei.

Ich kann mich nicht an meine ersten Worte an Jesus erinnern, aber ich spürte seine Gegenwart schon überall um uns herum, noch bevor ich zum ersten Mal betete. Es war, wie wenn ein Rauschen durch das ganze Lager ging. Ein frischer Wind, ein liebevolles Streicheln auf meiner Haut. Es war, als würden tausend Engel um uns herum sein, die sangen. Tag und Nacht. Ich atmete auf. Hier fühlte ich mich sicher und mutig. Es war mir, als würde ich aufwachen nach einem langen Winterschlaf.

Dann kam ein Abend, an dem wir uns in der großen schwarzen Jurte, dem Hauptzelt, versammelten. Überall waren Fackeln angezündet, leise spielten die Mitarbeiterinnen Gitarre und sangen wunderschöne Lieder. Wir wurden eingeladen, im Gebet Jesus unser Herz anzuvertrauen. Wenn wir etwas hatten, was wir Jesus sagen wollten, konnten wir zu den Mitarbeiterinnen gehen und mit ihnen gemeinsam beten. Ich wartete ungeduldig, dass ich mit Jasmin sprechen konnte, die mein Zelt anleitete. Sie hatte ich so sehr in mein Herz geschlossen. Mit viel Liebe und Geduld hatte sie mir viele Fragen beantwortet. Es war, als würde sich in meinem Inneren alles zusammenziehen, als ich mit ihr sprach. Ich brachte kaum ein Wort heraus. Ich war überwältigt und fing an zu schluchzen. Alles in mir sehnte sich danach, diesen liebevollen Jesus in meinem Leben zu haben. Einen Freund zu haben, der an meiner Seite steht und für mich da ist. Ein tiefer Schmerz drang aus meinem Inneren hervor, ein unaussprechliches Seufzen vor Einsamkeit.

Ich kann mich nicht mehr an Jasmins Worte erinnern, als sie für mich betete. Aber ich weiß noch, wie ich mich fühlte. Es war, wie wenn ein goldener Strom von Licht und Wärme durch ihre Hände, die sie auf meinen Kopf gelegt hatte, in meinen Körper floss. Ein tiefer Trost breitete sich in mir aus und ich spürte einen ganz starken Beistand, eine Nähe, die ich noch nie in meinem Leben gespürt hatte. In diesem Moment wusste ich, Gott ist komplett real. Kein Mensch kann mich so tief im Inneren berühren. Tränen der Erleichterung flossen über meine Wangen. Ich war angerührt und überwältigt. Der Schmerz, den ich vorher gespürt hatte, löste sich.

Dieser Moment der Nähe war tief in mir verankert. Ich fing in den Tagen danach an, Gott weiter kennenzulernen. Ich sprach mit ihm. Wir lasen gemeinsam in der Bibel. Darin stand, dass Engel uns tragen können, damit sich unsere Füße nicht an einem Stein stoßen. Das probierte ich gleich aus. Ich sagte zu Jesus: „Ich werde jetzt ganz schnell über die Wiese laufen und du wirst mich tragen, damit ich keine Distel berühre und keine Brennnessel!" Dann rannte ich los.

Am Tag und in der Nacht konnte ich innerlich immer wieder eine Stimme hören, die mir sagte: „Ich bin bei dir." Ich wusste, das war nicht gelogen. Es war ganz real.

Die älteren Mädchen auf dem Zeltlager erzählten uns von ihren Erlebnissen mit Gott. Er hatte ihnen Mut geschenkt, ihnen bei schweren Prüfungen geholfen. Er hatte ihnen Dinge geschenkt, die sie sich gewünscht hatten. Er hatte sie stark gemacht. Gott war derjenige, den ich brauchte, um sicher durch mein Leben zu gehen, das war mir gleich klar. Der Mut steckte mich an. In dem Zeltlager traute ich mich, vor allen anderen eine Geschichte zu erzählen, die ich mir ausgedacht hatte. Es war eine ganz wilde Geschichte mit vielen Überraschungen. Komplett gefesselt hörten mir die Mädchen zu. Begeistert jubelten und klatschten alle, als ich zu Ende erzählt hatte. Sie mochten es so sehr, dass ich dafür eine Auszeichnung bekam. Das berührte mich sehr.

Dann kamen die Mädchen aus meinem Zelt zu mir. „Eva, wir haben dich singen gehört, du hast eine sehr schöne Stimme! Wir können uns gut vorstellen, dass du den Sängerwettstreit gewinnen kannst!" Ich war unsicher, peinlich berührt. Etwas in mir wehrte sich. Mir wurde richtig übel. In der Nacht darauf wälzte ich mich hin und her. Ich konnte kaum schlafen. Ich wusste, dass ich eine Stimme hatte, die besonders war. Dass es eine starke und dennoch zerbrechliche Art in mir gab zu singen. Und dennoch war da ein großer Widerstand in mir. So oft hatte ich in den vergangenen Jahren gehört: „Sei leise, Eva! Du störst!" So oft hatte ich harte Zurückweisung erlebt, wenn ich einen Ohrwurm hatte und ein Lied singen wollte. Für meine Großeltern war das unerträglich gewesen.

Ich sagte meinen Freundinnen aus dem Zeltlager, dass ich unmöglich singen könnte. Doch sie ließen nicht locker. „Eva, hör dich doch mal selbst! Du singst wirklich schön! Was kann denn schon passieren?" Der Tag rückte näher, ich war weiterhin unentschlossen. Es gab ein Lied, das mir besonders viel bedeutete und mein Herz sehr stark berührt hatte. Es hatte einen ganz einfachen Text. Es handelte von Gott, der auf seinem Thron sitzt in seinem Glanz, seiner Majestät, seinem Licht, und dass er für uns die Quelle des Lebens ist. Wenn ich antreten sollte, dann sicher mit diesem Lied.

Der Abend kam. Alle Teilnehmenden hatten sich schon für den Wettbewerb angemeldet und wurden aufgerufen, ein Mädchen nach dem anderen. Ich saß dort ganz erstarrt und eingeschüchtert, weil die Mädchen so gut sangen. In mir stürmte es, Stimmen kamen auf. Eine Stimme sagte mir immer wieder ganz deutlich: „Das kann dein Moment sein, Eva!" Eine andere Stimme sagte „Nein, das schaffst du niemals, es ist zu viel! Es ist eine Zumutung!" Mit zittrigen Knien ging ich schließlich zu der Lagerleiterin. „Ich möchte es auch versuchen", presste ich heraus. Es war keinen Moment zu früh, denn die anderen Mädchen waren schon fast alle angetreten. Mit freudiger Stimme kündigte mich die Lagerleiterin an. Ich stand am Feuer, meine Augen auf die Gitarre gerichtet. Am liebsten hätte ich mich ganz klein gemacht, doch jetzt gab es kein Zurück mehr. Die Mitarbeiterin spielte mein Lied an, ich verpasste meinen Einsatz. Sie musste noch einmal anspielen und nickte mir zu. Dann kam das Lied aus mir heraus, das ich schon so oft gesungen hatte. Ich spürte eine Freude aufkommen. Ich sang mit kräftiger Stimme, ließ alles los und alles heraus. Das war mein Lied. Vor mir verschwamm alles. Ich sah nur noch die Umrisse der Mädchen, sah die Gitarre in der Hand der Mitarbeiterin. Es gab keine Zeit um nachzudenken. Dann, Hände klatschten, ich atmete erleichtert auf. Die Mädchen riefen mir zu, die Mitarbeiterinnen kamen und klopften mir auf die Schulter.

Und tatsächlich traf ein, was mich so überraschte. Ich bekam eine Auszeichnung für mein Lied. Einen kleinen goldenen Anstecker. Es war eine große Freude. Etwas in mir war verändert, eine Leichtigkeit verbreitete sich. Ich hatte in den nächsten Tagen ständig Lieder im Ohr, die ich munter vor mir hersang. Eine Freude breitete sich in mir aus, aus der Tiefe meines Herzens. Als meine Eltern uns abholten, sangen meine Schwester und ich die ganze Autofahrt über die schönen Lieder, die wir neu gelernt hatten. Unsere Augen leuchteten und Mama und

Papa waren sehr erstaunt darüber, was wohl mit uns geschehen war.

Eine tiefe Hoffnung flammte auf, dass nun alles besser werden könnte. Doch nach den Sommerferien sollte mein Leben
noch einmal völlig auf den Kopf gestellt werden.

Glaube und Verzweiflung

Ich hatte mich im Laufe der sechsten Klasse in der Schule so stark gesteigert, dass meine Lehrkräfte mir die Empfehlung für ein Gymnasium gegeben hatten. Sie hatten mit meinen Eltern gesprochen und ihnen erklärt, dass ich unterfordert mit dem Unterrichtsmaterial sei. Mir war es fast unangenehm gewesen. Mittlerweile hatte ich einfach große Freude daran, Neues zu lernen. Ich hatte so viele gute Noten, dass meine Mitschüler davon genervt waren.

Also begann nach den Sommerferien und dem Zeltlager meine Zeit im Gymnasium. Diese Schule hatte sich voll und ganz der Aufklärungsphilosophie von Immanuel Kant verschrieben, wovon ich bis zu diesem Zeitpunkt noch nie gehört hatte. Arglos und voller Lebensfreude kam ich in meine neue Klasse und freute mich schon sehr darauf, neue Freunde kennenzulernen. Mara, eine Freundin aus früheren Zeiten, war auch in meiner Klasse und ich lernte schnell ihre Freundinnen kennen. Sie hatte einen festen Freundeskreis, in dem ich immer willkommen war. Mir selbst jedoch war es nicht so wichtig, ob ich die Zeit mehr mit ihnen oder mit den anderen aus der Klasse verbrachte – ich war neugierig und wollte alle kennenlernen. Besonders angetan war ich von einem Jungen, der sich immer schwarz kleidete und Nietenarmbänder trug. Ich mochte seine Selbstsicherheit und dass er zu wissen schien, wovon er sprach. Wir verbrachten viel Zeit miteinander, auch in den Pausen, und ich bekam immer wieder Herzklopfen, wenn ich ihn sah. Er war auch ein bisschen verknallt in mich und wir verabredeten uns zu zweit. Bei einem gemeinsamen Kinoabend hielt er meine Hand fest. Wir sahen uns in die Augen, dann küssten wir uns. Ich redete nicht viel. Auf der Zugfahrt zurück schob er seine komplette Zunge in meinen Mund. Es fühlte sich für mich ein bisschen komisch an, aber ich dachte, dass es ein Küssen sei, das Erwachsene machen. Deshalb fand ich es besonders und war auch ein bisschen stolz darauf.

In den Tagen nach unserem Ausflug stellten wir fest, dass wir wohl nun zusammen waren. Mir war irgendwie ganz seltsam dabei zumute. Ich bekam Bauchschmerzen, wenn wir morgens zur Schule fuhren. Ich war bedrückt, konnte aber nicht darüber sprechen. Es sollte doch eigentlich etwas Schönes sein, einen Freund zu haben, dachte ich mir. Nach zwei Wochen – wir hatten uns ein paar Mal getroffen – ging ich zu meinem Freund und fasste allen Mut zusammen: „Irgendwie liebe ich dich nicht mehr ... Ich weiß auch nicht, wie das passieren konnte!", sagte ich ihm. Ab diesem Zeitpunkt waren wir nicht mehr zusammen, und ich fühlte, dass ich ein bisschen langsamer durch den Alltag ging. Es dauerte etwas länger, bis ich Dinge verstand, die uns in der Schule beigebracht wurden – mal wieder war ich unkonzentriert.

Aber trotz dieser neuen Unruhe in mir hatte ich ja immer noch meinen Glauben, der mir seit dem Zeltlager so viel bedeutete. Es dauerte in der neuen Klasse nicht lange, und ich begann, von diesem Glauben zu erzählen. Ich erzählte von meinen Eltern, die gläubig waren, dass wir in die Kirche gingen, dass ich an Gott glaubte und er für mein Leben sehr wichtig sei. Die Reaktionen meiner Mitschüler erschütterten mich zutiefst. Sie lachten mich aus und verspotteten mich. „Das ist ja total dumm! Das ist voll aus dem Mittelalter! Mittlerweile wissen wir doch, dass wir uns unseres eigenen Verstandes bedienen können!" – „Eva, das haben sich doch Leute ausgedacht, um ihre Kinder zu erziehen. Wenn die nicht gehört haben, hat man ihnen einfach gesagt, dass sie in die Hölle kommen. So ein Quatsch!" – „Dieser Glaube, das brauchen doch nur arme, kranke und verzweifelte Menschen, die vom Leben nicht mehr viel zu erwarten haben. Bist du denn so verzweifelt?"

Ihre Worte drangen tief in mein Herz. Ich wusste überhaupt nicht mehr, wohin mit mir. Mara und ihre Freundinnen hielten sich zurück, sie sagten nichts dazu.

Die Verachtung meiner Mitschüler zeigte sich noch auf andere Weise. Ich wurde als Bauernkind und Barbarin beschimpft. Ich solle dahin zurückgehen, wo ich hergekommen sei. Doch in meinem Dorf und in den umliegenden Dörfern wurde ich auch nicht akzeptiert. Schon morgens im Bus blockierten die Jungs und Mädchen die Plätze, sie versperrten mir den Weg. Auch im Zug war es sehr schwierig, an ihnen vorbeizukommen. Einige Wochen lang musste ich stehend fahren. Es wurde immer übler. Im Unterricht wurde ich mit Papierkügelchen bespuckt. Eine Welt brach in mir zusammen.

Die ablehnenden Worte und die verachtenden Gedanken brannten sich in mein Herz ein. Meine Sichtweise begann sich zu verändern. Ich spürte, dass ich mich mehr und mehr von meinen Eltern entfernte. Es war mir, als hätte mir jemand eine Brille aufgesetzt, durch die ich mein Umfeld anders wahrnehmen konnte. Manchmal stellte ich mir die Frage, ob meine Eltern naiv waren, bis ich irgendwann vollkommen davon überzeugt war, dass sie naiv sein *mussten*. Ich beobachtete meine Familie. Bemerkte immer mehr, wie sich alles darum drehte, was andere Leute über uns dachten. Was denken sie, wenn ich dies und das mache, wenn ich so oder so aus dem Haus gehe? Was denken andere Leute über mich, wenn ich diese und jene Aussage treffe? Gleichzeitig bekundete meine Familie sehr fleißig, was sie von anderen Leuten hielt. Oft schüttelten sie den Kopf über andere, weil sie komisch oder außergewöhnlich waren.

Plötzlich erkannte ich, dass es Unstimmigkeiten gab. In der Kirche wurde gepredigt, dass man seinen Nächsten lieben soll. Aber wenn die Leute nach Hause gingen, dann konnten sie nicht aufhören, übereinander herzuziehen. Wie viel war dran an dem Glauben? Wie viel war ernst zu nehmen von dem, was ich gehört hatte? Waren es alles nur schnöde Märchen? Ich fand keine überzeugenden Vorbilder in der christlichen Gemeinschaft mehr. Der Pastor, der uns damals begleitet und zum Zeltlager eingeladen hatte, war schon längst nicht mehr in unserem Umfeld. Es gab nur diese kalte Kirche in unserem Dorf, in der die Stimmung so ernst war, dass man sich schämen musste, sobald man nur leicht mit der Jacke raschelte. Die Leute warfen sich gegenseitig finstere Blicke zu, wenn jemand niesen musste. Ich fühlte, dass in der Kirche langsam kein Platz mehr für mich war.

Stattdessen begann es mich mehr und mehr zu interessieren und zu faszinieren, was die Jungen und Mädchen in meiner Klasse für richtig hielten, die mich so ärgerten. Sie schienen recht zu haben. Sie schienen etwas zu kennen oder zu verstehen, was viel moderner war als der abgedroschene Glauben meiner Familie. Ich begann, Fragen zu stellen. Ich wollte wissen, wie ich durch das Leben gehen konnte.

Meine Mitschüler sagten mir daraufhin, dass sie aus einem System ausbrechen wollten. Sie beklagten sich, dass zu viele Menschen ein gutbürgerliches Biederleben aufgebaut hatten und nichts in ihrem Leben infrage stellten. Sie waren frustriert von falschen Versprechen, von oberflächlichen und falschen Werten, nach denen Menschen lebten. Sie hörten Musik, in denen Enttäuschung zum Ausdruck gebracht wurde und Menschen verhöhnt wurden, die mit aller Kraft versuchten, normal zu sein und nicht aufzufallen.

Je mehr ich ins Gespräch mit diesen Mitschülern ging, desto mehr nahmen sie mich an. Die Hänseleien gingen zurück. Eine

Tür öffnete sich für mich und ich setzte meine ersten Schritte in eine Szene, die sehr schwarz aussah und dennoch in bunten Farben schillerte. Ich begann mich schwarz zu kleiden und hörte Metal. Meine Lieblingsbands waren „Korn" und „System of a Down". Je mehr ich mich mit dieser neuen Welt befasste, desto mehr gewann ich eine neue Selbstsicherheit. Meine Füße standen fester auf dem Boden. Ein Boden aus Wut und Stolz.

Ich begann, mich mehr und mehr von meinen Eltern abzugrenzen. Wir konnten mit der Zeit kaum ein normales Gespräch miteinander führen. Ich war genervt, dass meine Mutter ständig besorgt war. Sie schien vor allem Angst zu haben. Wenn sie sich nicht darum sorgte, was andere Leute dachten, dann hatte sie Angst davor, dass mir etwas passieren würde. Ich machte mich lustig über sie und ließ sie kaum noch ausreden. Wenn sie sich zu lange in meiner Nähe aufhielt, wurde ich wütend. Sie hatte in meinen Augen mein Leben zerstört. Sie war nach meiner Auffassung schuld daran, dass ich so einen Mist gelernt hatte, sie war unfähig gewesen, sich um mich zu kümmern und für mich da zu sein, sie war eine furchtbare Mutter. Ich begann, sie zu hassen. Und ich fand immer einen Anlass, ihr gegenüber meinen Hass auszudrücken. Es gab nichts mehr, was sie tun oder sagen konnte, ohne dass ich es lächerlich fand oder mich darüber aufgeregt hätte.

Auch mein Vater war mir sehr fremd geworden. Er schien so weit von mir und meiner Realität entfernt, dass ich mir sehr oft die Frage stellte, ob er mein wirklicher Vater sein konnte. Mich beschäftigte die Frage, ob ich adoptiert worden war, denn ich fühlte mich nicht als Teil der Familie.

Diese Erfahrung machte ich auch in meinem alten Freundeskreis. An einem Tag fuhr ich mit dem Zug zur Schule. Ich saß mit Mara und unseren gemeinsamen Freundinnen zusammen, als sich die Mädchen gegenseitig einen Zettel herumreichten. Zu dritt tauschten sie sich auf diesem Zettel aus, aber an mir reichten sie ihn vorbei. Ich sollte ihn nicht lesen. Mir wurde schlecht. Ein Druck entstand auf meinem Bauch, es war kaum auszuhalten. Ich wusste, dass sie etwas besprachen, was mich betraf. Und ich wusste, es konnte nichts Gutes sein. Irgendwann wurde es mir zu viel und ich stand auf und ging. Kurze Zeit darauf kam eine unserer Freundinnen mir nach. Sie hatte den Zettel dabei und reichte ihn mir. Ich las ihn durch. Dann erstarrte ich.

„Eva ist irgendwie so komisch geworden in der letzten Zeit, seht ihr das auch so?"

„Ja, das ist mir auch aufgefallen, auch wie sie sich anzieht, immer so viel Schwarz."

„Meine Mama hat sogar gesagt, dass sie nicht möchte, dass ich mich mit ihr treffe."

„Ich möchte mich auch nicht mehr mit ihr treffen."

„Ja, ich möchte auch nicht mehr, dass sie meine Freundin ist."

„Seht ihr das auch so, dass wir uns ab jetzt nicht mehr mit ihr treffen wollen?"

„Ja."

„Ja, ich auch."

Ich schaute auf den Boden.

„Ich weiß auch nicht, aber ich musste es dir sagen", sagte meine Freundin zu mir. Sie ging. Mir wurde schwindelig. Mein Körper fühlte sich an wie ein Gewicht von zehn Tonnen. Die Erdanziehungskraft schien sich verstärkt zu haben. Meine Freundinnen hatten mir den Rücken gekehrt und sich von mir abgewandt. Nun stand ich allein da.

Meine Augen fühlten sich trocken an, sie waren zusammengekniffen. Ich konnte nicht weinen. Nach ein paar Atemzügen schob ich einen Fuß nach dem anderen in das nächste Abteil, wo meine Bekannten aus der Metal-Szene saßen. Schweigend setzte ich mich zu ihnen. „Was ist denn mit dir los?", fragte mich eines der älteren Mädchen. Mit knappen Worten erzählte ich ihr, was ich gerade erlebt hatte. „Oh nein, echt? Das geht ja gar nicht! Komm lieber zu uns, wir schicken dich nicht weg." Sie legte ihren Arm um mich. Ich war ein bisschen nervös. Mit schüchterner Bewunderung schaute ich zu den anderen. Sie sahen mich freundlich an. Es war nichts mehr zu sehen von Ablehnung oder Verachtung in ihren Gesichtern. Bei ihnen war ich sicher.

Diese Mädels – sie waren etwa 16 Jahre alt – nahmen mich auf wie eine kleine Schwester. Von ihnen bekam ich Bier und sie nahmen mich auf Dorffeste mit. Sie forderten mich heraus, und wenn ich mehr trank, als ich eigentlich vertrug, dann lachten wir darüber. Es war eine lustige und besondere Erfahrung, mit dem Rausch zu spielen. Es war besonders, zu den Größeren zu gehören. Die Schulzeit war sehr herausfordernd für mich, doch mit den Mädels unterwegs zu sein, war für mich eine willkommene Abwechslung. Es gab auch immer mal wieder Jungs, die sich für mich interessierten. In dieser Zeit entdeckte ich eine Faszination für Horrorfilme. Wir eiferten miteinander darum, wer weniger Angst hatte.

Einmal war ich bei einem der älteren Jungs eingeladen. Wir wollten zusammen einen Horrorfilm ansehen. Er hatte sturmfrei und war sehr stolz darauf. Wir entspannten zusammen auf dem Sofa und er redete die ganze Zeit. Wir hörten ein bisschen dem Film zu, doch er war ganz bei mir. Sah mich an, mit funkelnden Augen. Es war, als ob er eine Vorahnung auf etwas hatte. Mir wurde ganz warm und ich war ein bisschen aufgeregt. Er zog mich zu sich und fragte mich, ob es mir etwas ausmachen würde, wenn ich mich auf ihn lege. Irgendwie hatte ich auch eine innere Sehnsucht danach, er sprach mir aus der Seele. Wir begannen, uns zu küssen. Er fragte mich, ob ich Sex mit ihm haben wolle. Ich war so erregt, mein Körper schrie förmlich danach, mit ihm zu schlafen. Doch auch wenn ich zuvor noch sehr fasziniert von dem gewesen war, was ich über diese Erfahrung zu wissen geglaubt hatte, war die Wirklichkeit erschreckend. Mit ihm zu schlafen, tat fürchterlich weh und ich blutete. Ich war gerade 13 Jahre alt.

Ich ging ins Bad, um das Blut von mir abzuwischen. Dann sagte ich ihm, dass ich nach Hause müsse. Ich rief meine Mutter an, dass sie mich abholen solle. Ich wollte schnell weg aus dieser Wohnung. Mit meinem Freund sprach ich kein Wort mehr. Ich konnte ihn nicht mehr ansehen. Er ekelte mich auf einmal furchtbar an. Ich schämte mich, für mich selbst und auch für ihn. Was hatte ich nur an ihm finden können? Mit seinen viel zu stark gegelten Haaren und seinem ausladenden Bauch. Mit seinem Drang, ständig zu reden. Einfach abstoßend! Wie hatte ich das vorher nur nicht bemerken können?

Meine Mutter brauchte nur wenige Minuten, um mich abzuholen. Aber mir kam es wie eine Ewigkeit vor. Ich sprach mit ihr nicht darüber, was geschehen war. Es war sehr leicht, sie auf andere Gedanken zu bringen. Ich fragte, was es zum Abendessen geben würde. Auch in den Tagen später sprach ich nicht über das Ereignis. Zu groß war die Distanz zu meinen Eltern. Meine Mutter war ohnehin schon permanent in Sorge, sie konnte eine weitere schlechte Nachricht wohl kaum verkraften. Ich hasste sie für ihre Unsicherheit. Sie machte mich komplett verrückt. Mein Vater? In meinen Augen war er nie für mich da, hatte sich nie näher mit meinem Innenleben auseinandergesetzt und war schon immer ausgewichen, wenn es mir schlecht gegangen war. Was sollte er schon ausrichten? Ich spürte, dass ich allein klarkommen musste.

In dieser Zeit schien nichts mehr zu funktionieren. Ich verlor mich in Computerspielen, blieb auf bis spät in die Nacht. Um mich von meiner Scham und meiner Unsicherheit abzulenken, entwickelte ich schlechte Gewohnheiten, die in dieser Zeit für mich zur Sucht wurden. Ich schaute Horrorfilme und

Pornos und die Schule bedeutete mir nichts mehr. Das hatte zur Folge, dass ich mich in nahezu allen Fächern verschlechterte. Ich konnte im Unterricht sitzen und zuhören, doch nichts von dem Gesprochenen landete bei mir. Es fehlte mir jeder Mut, um Hausaufgaben zu machen oder Fragen zu stellen. Ich lenkte mich ab, indem ich malte oder unter meinen Haaren heimlich Kopfhörer versteckte, um Musik zu hören. Ich hatte in dieser Phase wenig Lust darauf auszugehen. Aber wenn, dann wollte ich wirklich trinken. Mein Durst war unstillbar. Meine Gedanken verfinsterten sich.

So schaute ich auf mein Leben und war furchtbar enttäuscht darüber. Ich hatte keine Kraft mehr für die Schule, konnte mich für nichts mehr begeistern außer für Filme und PC-Spiele. Hatte keine Begeisterung mehr, mich mit meinen Freunden zu treffen. Ich fühlte mich verlassen und verstoßen. Es war eine tiefe Not in mir, die ich mit niemandem teilen konnte. Mein Vater lebte in meinen Augen in einem anderen Universum, die Beziehung zu meiner Mutter war mit Ablehnung erfüllt. Ich sah keine Perspektive für mich, wie es weitergehen sollte. Dann gab ich mich auf.

Ich stand abends in meinem Zimmer und starrte die Wand an, deren Tapete ich zerrissen hatte. Mit dicken schwarzen Stiften hatte ich darauf geschrieben „Who is my Father?" und „I hate the woman called my mother". Mit einem zynischen und hämischen Grinsen hatte ich diese Worte verfasst. Meine Eltern sind so weit zurück, sie müssen mich sogar fragen, was ich dort geschrieben habe. Sie verstehen sicher kein Wort Englisch, hatte ich gedacht. Ich werde es ihnen sagen.

So stand ich erst vor der Wand und ging dann in die Vorratskammer. Dort war ein kleines Medizinschränkchen. Ich nahm eine Schachtel mit Tabletten heraus und ging zurück in mein Zimmer. Es ist vorbei, dachte ich. Es ist schon lange vorbei. Ich will dieses Leben nicht mehr. Ich bin nur noch eine Last für andere und meinen eigenen Schmerz ertrage ich nicht mehr. Ich atmete aus. Dann kippte ich den kompletten Inhalt der Schachtel in meinen Mund. Ich spülte nach. Mein Herz raste.

Mit schweren Schritten ging ich ins Wohnzimmer zu meinen Eltern. Mit schroffen Worten sagte ich: „Tschüss, ich werde gleich sterben." Es kam keine Reaktion. Meine Eltern sahen fern. Dann machte mein Vater den Fernseher aus. Er schaute mich an. „Wie, was meinst du damit?", fragte er.

„Ich werde gleich sterben. Ich habe sehr viele Tabletten genommen." Befremdet und verständnislos schaute mich mein Vater an. Ja, dachte ich, das sieht ihm ähnlich. Er hat mal wieder keine Ahnung davon, wie es mir geht. Er hat nie gecheckt, wie ernst die Lage ist. Lange hat er es ausgeblendet, aber jetzt kann er es nicht mehr ignorieren.

„Ja, wieso hast du denn Tabletten genommen?", fragte mich mein Vater. Ich verschränkte meine Arme. Mein Herz raste. Jeden Moment könnte es so weit sein. „Das werde ich dir jetzt sicher nicht mehr erklären", sagte ich. Die Augen meiner Mutter wurden ganz klein. Sie war erstarrt. So hatte ich sie schon oft gesehen. Es berührte mich nicht mehr. Ich war völlig abgestumpft gegen ihre ständige Angst. Mein Vater fragte mich, welche Tabletten ich genommen hätte. Es dauerte gefühlt eine Ewigkeit, bis er sich vom Sofa erhob. Er versuchte, bei der Giftnotzentrale anzurufen. Dort wartete er eine ganze Weile, bis er durchgestellt wurde. Mit der leeren Tablettenschachtel in der Hand diskutierte er mit den Personen am Telefon. Er ist ja so schwer von Begriff, dachte ich. Ich hatte nur Verachtung für ihn übrig. Ich hasste ihn, gleichzeitig war ich völlig verzweifelt. Ich wusste, dass ich die Kontrolle über mein Leben völlig verloren hatte. Und nun waren meine Eltern die Einzigen, die mir helfen konnten. Ausgerechnet sie. Es hätte mich nicht schlimmer treffen können.

Nachdem mein Vater eine gefühlte Ewigkeit mit der Giftnotzentrale gesprochen hatte, rief er den Rettungswagen. Auch hier dauerte es sehr lange, bis sich etwas in Bewegung setzte. Nach einiger Zeit kamen die Rettungssanitäter mit einer Liege in unsere Wohnung. Ich schaute sie kurz an, dann brach ich zusammen.

Als ich wieder meine Augen öffnete, schaute mir eine Krankenschwester ins Gesicht. Sie war gleichzeitig glücklich und besorgt. Noch im Krankenhaus konnte ich mit einer Psychologin sprechen. Sie hörte mir gut zu und lernte mich ein bisschen kennen. Einmal sagte sie: „Kann es sein, dass du eigentlich gar nicht sterben wolltest? Wenn ich dir so zuhöre, dann kann ich in dir ein sehr intelligentes Mädchen sehen. Es war eigentlich ein Hilferuf, den du ausgelöst hast, oder?" Diese Frage war sehr wichtig für mich. Denn sie hatte recht.

Nach einer Woche kam ich in eine Akutpsychologische Einrichtung. Eine geschlossene Jugendpsychiatrie.

Es war die Hölle. Eine abgestumpfte Schwester wies die Gruppe im Militärston an, dass wir beim Essen nicht die Ellbogen auf den Tisch nehmen sollten. Wir wurden ständig beobachtet. Viele Jugendliche um mich herum rasteten ständig aus, schlugen um sich. Ich sah, wie sie auf Liegen fixiert und in einen Überwachungsraum geschoben wurden. Die Stimmung war unglaublich finster. Es war eine Kälte in der Atmosphäre, dass ich mir manchmal einbildete, meinen eigenen Atem sehen zu können.

Am vierten Tag wurde mir eine Art Vertrag vorgelegt, den ich unterzeichnen sollte. Darin stand, dass ich mit mir selbst vereinbare, weder mich selbst zu verletzen oder umzubringen noch andere zu verletzen. In diesem Moment wusste ich, dass es mein Ticket war, um wieder weg von diesem furchtbaren Ort zu kommen. Alles war besser als das. Ich unterschrieb den Zettel und wurde kurz darauf entlassen.

Doch auch zurück zu Hause konnte ich mit niemandem reden. Ich fühlte mich weiterhin nicht verstanden und hatte keine Lust, zur Schule zu gehen. Ich litt ständig unter Kopf- und Bauchschmerzen und meldete mich oft krank. In vielen Fächern begann ich, den Faden zu verlieren. Weil ich nicht mehr hinterherkam, wollte ich erst recht zu Hause bleiben. Die Lehrkräfte blieben immer freundlich und verständnisvoll, jedoch konnten sie mich nicht unterstützen und meine Noten wurden immer schlechter. Ich entwickelte eine Angst davor, in die Schule zu gehen. Das Einzige, das mir Freude bereitete, war der Kunstunterricht. Den verpasste ich fast nie. Unsere Lehrerin brachte mir wundervolle Techniken bei, und ich erlebte, wie die Kunst mir half, mich selbst auszudrücken.

Wenn ich mich in dieser Zeit nicht zu Hause einsperrte, dann verbrachte ich gerne Zeit bei einem meiner Nachbarn. Bei ihm kamen immer viele junge Männer und Frauen zusammen, die dort ihre Zeit zusammen verbrachten. Da sie alle viel älter als ich waren, zehn Jahre oder mehr, war ich als Vierzehnjährige das Küken in ihrer Mitte.

Manchmal spielten wir Videospiele, wir hörten Techno und tranken Bier zusammen. Ich fühlte mich sehr wohl und hörte ihren spannenden Geschichten zu. Ab und zu kam die Polizei vorbei. Dann wurde die Gruppe ziemlich nervös. Ich konnte es nicht verstehen – sie waren ja alle in Ordnung.

Mir fiel auf, dass sie sich oft in kleinen Grüppchen im Bad einschlossen. Ich war mir nicht so sicher, was sie dort taten, aber wenn sie zurückkamen, ließen sie sich mit halb geschlossenen, roten Augen ins Sofa sinken und fingen an zu lachen. Das war immer sehr lustig mit anzusehen. Irgendwann erlaubten sie mir, auch mal mit ins Bad zu kommen. So konnte ich sehen, dass sie dort eine Bong hatten, mit der sie Marihuana rauchten. Einmal wollte ich es auch probieren. Ich setzte an und atmete den Rauch tief ein. Dann lief ich hustend ins Wohnzimmer zurück und hörte erst nach einer halben Stunde wieder damit auf. Es war schmerzhaft und ich hatte noch nach Tagen ein Kratzen im Hals. Wir waren uns einig, dass das nicht das Richtige für mich ist. Ab und zu hatten sie auch Joints, die sie in der Gruppe herumgaben. Ich zog manchmal daran, war dabei aber sehr zurückhaltend und spürte kaum eine Auswirkung. Das brauchte ich nicht, ich fand die Gemeinschaft mit den Erwachsenen sehr unterhaltsam und fühlte mich besonders, weil sie mich unter sich aufnahmen.

Es kam jedoch viel häufiger vor, dass ich meine Zeit zu Hause verbrachte. Meine Eltern sahen mich ständig vor dem Bildschirm sitzen und machten sich darüber Gedanken, wie sie mir helfen konnten. Sie versuchten, mich nicht zu überfordern und irgendwie für mich da zu sein. Sie waren nicht sauer auf mich, wenn ich schlechte Noten hatte. Sie versuchten mich zu ermutigen, morgens in die Schule zu gehen. Meine Mama sagte oft zu mir, dass es mir besser gehe, wenn ich in der Schule wieder den Anschluss bekäme. Sie fuhr mich morgens zum Bus, wenn ich spät dran war. Ich war sehr langsam und unentschlossen in allem, was ich tat. Zudem war mein Schulweg sehr lang. Morgens musste ich um 6:30 Uhr den Bus bekommen. Nachmittags kam ich um 14:30 Uhr nach Hause. Jeden Tag hatte ich einen dreistündigen Schulweg zu bewältigen. Ich war ständig erschöpft. Im Unterreicht konnte ich mich kaum konzentrieren. Ich las einen Satz fünf Mal und wusste trotzdem nicht, was darinstand. Ich fühlte mich fremd und nicht zugehörig.

Wenn ich doch Freundinnen fand, die mich zum Lachen brachten und mich ein bisschen ablenkten, dann passierte es schnell, dass ich nicht mehr neben ihnen sitzen durfte.

Dafür fand ich in den Pausen wieder Gemeinschaft. Viele von meinen Freunden und Bekannten fuhren immer wieder nach Koblenz und erzählten von ihren Ausflügen. Ich hörte aufmerksam zu. Es gab einen großen Jungen in meiner Klasse, mit dem ich viel zusammen lachen konnte. Ich saß gerne in seiner Nähe und bemerkte, dass er oft versuchte, mich zum Lachen zu bringen. Das mochte ich sehr. Er hatte eine ruhige Ausstrahlung und ich fühlte mich sicher mit ihm. Nach ein paar Wochen näherten wir uns an und wurden ein Pärchen. Ich unterhielt mich auch gerne mit seiner Mutter, wenn ich bei ihm zu Besuch war. Sie war sehr verständnisvoll und wurde zu einer wichtigen Bezugsperson für mich.

In der Zeit hatte ich endlich Frieden mit allen Schülerinnen und Schülern, die irgendwann mal gegen mich gewesen waren. Mittlerweile hatte ich mich so verändert, dass die meisten mich annahmen und akzeptierten. Die, die anfangs abweisend zu mir gewesen waren, hatten sich sogar mit mir angefreundet. Durch meine Freundschaften mit den Älteren hatte ich immer Fürsprecher gehabt, die mir Rückendeckung gaben. Zwar hatte ich mich von meiner ursprünglichen Clique etwas distanziert, jedoch war ich nicht nachtragend und wir konnten uns normal miteinander unterhalten. Mit der Zeit wurde unser Verhältnis zueinander sogar wieder herzlicher. Die Mädchen, die vorher Angst vor meinen Veränderungen hatten, begannen nun auch, sich für Bands zu interessieren, die sehr alternativ waren. Sie fingen an, schwarze Kleidung zu tragen und verrückte Dinge zu tun. Wir trafen uns ab und an, um gemeinsam Horrorfilme zu schauen oder auf Dorffeste zu gehen. Ich fühlte mich ein wenig sicherer und löste mich davon, ein Teil von einer bestimmten Clique zu sein. Ich ging dorthin, wo es mir gut gefiel, und lernte immer wieder neue Leute kennen. Ein älterer Junge kam immer wieder mit seiner Gitarre zum Schulhof und spielte Lieder. Wir freundeten uns an und ich begann, auch seine Freunde kennenzulernen. Immer wieder landete ich auf LAN-Partys und auf Shisha-Abenden.

Doch auch der Kontakt zur Kirche löste sich nicht vollständig auf. Es gab immer wieder Veranstaltungen, zu denen ich gerne hinging, weil ich dort Freunde aus Zeltlagerzeiten treffen konnte. Was mich besonders begeisterte, war der große Gospelchor. Dieser Chor war für mich der Inbegriff von Lebensfreude und herzlicher Gemeinschaft. Irgendwann wurde ich einfach eingeladen, mit zu den Chorproben zu kommen. Das war der Beginn eines großen Wunders in meinem Leben. Jedes Mal, wenn ich dort war, lösten sich alle düsteren Gedanken in mir vollständig auf. Ich konnte einfach genießen und ich selbst sein. Für die Sängerinnen und Sänger im Chor war es kein großes Problem, dass ich nicht gläubig war. Sie mochten mich sehr.

Die Leiterin des Chores sah mich. Sie sah in mir etwas, zu dem ich selbst keinen Zugang hatte. Sie wollte, dass ich zum Singen nach vorne kam, und bat mich, mich in die vorderste Reihe zu stellen. Ich war sehr aufgeregt darüber, doch die lauten Stimmen um mich herum gaben mir viel Sicherheit. Also stand ich vorne und sang mit, was das Zeug hielt. Wir gingen zusammen auf Chorfahrten und sangen Konzerte in verschiedenen Kirchen. Ich wuchs dabei über mich selbst hinaus und konnte auch mutig singen, wenn wir nur eine dünne Besetzung hatten. Im Chor wurde so viel gelacht und gescherzt, und es gab Jungen und Mädchen in meinem Alter, die ich sehr schätzte und mit denen ich eine starke Verbundenheit aufbauen konnte.

Ausflüge gab es nicht nur mit dem Chor, sondern auch mit meiner Schulklasse. Wir fuhren gemeinsam auf eine Klassenfahrt an die Weser. Ich hatte nur Augen für meinen Freund. Alles andere interessierte mich nicht. Wir saßen überall nebeneinander, wir lachten zusammen und hielten Händchen. Einmal lagen wir beide auf dem Bett. Es war mitten am Tag, ein gemeinsamer Freund war auch im Raum und wir redeten. Ich merkte, wie sich der Blick von meinem Freund veränderte und er nicht mehr aufhörte, mich zu küssen. Dann spürte ich, dass er einen Schritt weiter gehen wollte. Es war mir unangenehm, weil wir nicht allein im Zimmer waren. Ich wehrte ihn lachend ab. Doch es ließ mich nicht mehr los. Abends lag ich lange wach in meinem Bett und dachte nach.

Ich begann, eine kleine Skizze zu malen. Darauf war ein kleines Schäfchen, das ängstlich nach oben schaute. Von oben kam eine große Hand, die danach griff.

Am nächsten Tag zeigte ich die Skizze meinem Freund. Ich versuchte, ihm damit meine Gefühle auszudrücken und zu erklären, was mich beschäftigte. Ich sagte, dass ich mich unwohl fühlte und dass ich Abstand brauchte. Von diesem Tag an dauerte es nicht mehr lange, bis unsere Beziehung sich auflöste. Ich konnte einfach keine Liebe mehr für ihn empfinden und keine Nähe mehr zulassen. Mein Leben war weiterhin im Ungleichgewicht, immer wieder war ich von Schwere und Trauer überwältigt.

Ein wichtiger Freund für mich in dieser Zeit war Jonas. Unsere Eltern waren auch miteinander befreundet. Er war genau wie ich auch zu den Zeltlagern gefahren und hatte sich genau wie ich vom Glauben abgewandt. Er hatte ein bisschen mehr Mitgefühl und Verständnis für mich als die anderen. Wir trafen uns noch öfter zum Shisharauchen und ich war ein bisschen verschossen in ihn. Er war ganz entspannt und sagte, dass er nur mit mir befreundet sein wollte. Ich mochte es bei ihm zu Hause und ich mochte seine Mama sehr gerne. Mit ihr trank ich angerührten Cappuccino, während wir redeten. Manchmal machte ich mit Jonas lange Spaziergänge aus dem Ort heraus in die Natur. Es war sehr schön dort, wo er wohnte. Ich fühlte, dass es ein Ort der Freiheit war, an dem ich willkommen war. Zu dieser Zeit hätte ich nicht geahnt, dass sich unsere Mütter regelmäßig trafen, um verzweifelt für uns zu beten, dass Gott uns beschützt und dass wir uns nicht selbst umbringen würden. Jonas und ich standen beide am Rande einer Klippe, den Blick in einen tiefen Abgrund gerichtet.

Aber es sollte noch sehr lange dauern, bis ich Hilfe bekam. Meine emotionale Not war sehr groß und dringlich geworden. Ich stand viel am Fenster und wünschte mir, dass ein Vampir kommen und mich beißen würde, damit ich ein unsterbliches Leben in einer anderen, mystischen Welt beginnen könnte. Manchmal stellte ich mir vor, wie eine Eule mir einen Brief brächte und ich eine Einladung zu einer Zauberschule bekäme. Ich fühlte mich, als wäre ich in der falschen Familie gelandet. Manchmal gingen meine Eltern so wenig auf mich ein, dass ich bewusst Dinge tat, um sie zu provozieren. Etwas in mir wollte, dass sie aus der Haut fuhren, dass sie wütend wurden. Doch das kam nicht vor. Sie hatten viel Angst um mich und setzten mir nur wenige Grenzen. Ich rebellierte innerlich und schöpfte daraus eine neue, ungeahnte Kraft.

Im Gospelchor unterhielt ich mich prächtig mit einem älteren Herrn. Er machte auf mich einen erhabenen, fast überlegenen Eindruck und ich verriet ihm, dass ich nicht an Gott glaubte. Das brachte ihn zum Lachen. Er winkte mit der Hand ab. Glaube, das sei auch nichts für ihn. Vor einem Konzert in einer Kirche setzte ich mich neben ihn. Ich spürte, dass er interessiert an mir war, und konnte nicht aufhören, mit ihm zu reden und zu erzählen. Seine ironischen Witze und sarkastischen Kommentare brachten mich zum Lachen. Ich spürte, dass er mich verstehen konnte. Es gab mir ein Gefühl von Überlegenheit, mich mit ihm zu unterhalten. Von dem Konzert bekam ich kaum etwas mit. Als wir in die Gemeinderäume zu Kaffee und Kuchen gingen, hielt ich seine Hand fest. Mein Herz klopfte. Ich spürte eine unbeschreibliche Anziehung zu ihm.

Ich fragte ihn, ob er am Nachmittag noch Zeit für mich hätte. Er sagte, er würde zwar gern mit mir spazieren gehen, dass die anderen aus dem Chor es allerdings bestimmt seltsam fänden und nicht verstehen könnten. Es wäre besser, wenn wir unser Treffen für uns behielten. Ich war sofort einverstanden. Hatte ich doch endlich jemanden gefunden in dieser christlichen Welt, der mit mir auf einer Wellenlänge war und mich wirklich verstand und mich schätzte. Ich empfand, dass er ein Potenzial in mir sah und eine intellektuelle Gesprächspartnerin auf Augenhöhe. Also sagte ich den anderen, mit denen ich dort war, dass ich mich noch mit einer Freundin treffen wollte. Wenige Minuten später stieg ich gut gelaunt in einen schwarzen Kleinbus mit verdunkelten Fensterscheiben ein.

Wir hielten an einem Waldstück an und stiegen aus. Ich fühlte mich wie in einem großen Abenteuer. Ich war begeistert, dass mein Chorfreund anscheinend auch die gleiche Begeisterung für die Natur hatte wie ich. Der Wald war immer ein Ort, an dem ich mich sicher gefühlt hatte und so sein konnte, wie ich bin. Wir gingen ein Stück spazieren. Mein Begleiter erzählte mir, dass er sich geehrt fühle, dass ich ihn so sehr mochte. Dann sprach er davon, dass er schon elf minderjährige Mädchen geschwängert hätte und dass er gerne mit mir schlafen wolle. Ich war irritiert. Das hatte ich ihm nicht zugetraut. Er war doch verheiratet. Ich kannte seine Frau, sie sang mit uns im Chor. Ich hätte ihn gerne gefragt, ob seine Frau davon wusste, doch mir war die Frage unangenehm. Ich wollte ihn nicht nerven und auch nicht die Stimmung vermiesen. Auch wenn ich das heute selbst kaum glauben kann, so war für mich damals einfach nicht greifbar, was gerade passierte.

Wir blieben an einer kleinen Lichtung stehen, fernab von der Straße. Es gab keinen Weg weit und breit. Er sagte, dass er mich gerne küssen wolle, und beugte sich zu mir herunter. Ich war kurz erstarrt, konnte es absolut nicht einordnen, was er tat. Dann begann er, mich im Dekolleté zu küssen. Mein Herz begann zu rasen. Auf einmal erinnerte er mich an ein Chamäleon, das mit seiner klebrigen Zunge versucht, eine Fliege zu fangen. Ich versuchte, einen klaren Gedanken zu fassen, und ekelte mich mit einem Mal sehr. Er begann, mich anzufassen. Dann endlich fand ich meine Sprache wieder: „Also, ich finde das jetzt irgendwie nicht mehr so schön. Ich mag dich sehr gerne, aber hiermit habe ich jetzt nicht so viel Spaß", sagte ich ihm. Er hörte auf, mich zu küssen, schaute mich an und nickte respektvoll. „Ich würde jetzt gerne wieder nach Hause und fände es schön, wenn du mich zurückfahren könntest", fügte ich hinzu. Gesagt, getan. Er war einverstanden und brachte mich nach Hause. Es sei ihm lieber, wenn die Mädchen auch mitmachten bei dem, was er wollte. Ich solle besser nicht mit meinen Eltern darüber sprechen. Das versprach ich ihm.

Zu Hause sprach ich tatsächlich mit niemandem darüber. Meine Mama begegnete mir freundlich, doch meine Sprache war wie ein vertrockneter Flusslauf. Ich konnte nicht sprechen. In diesen Tagen wurde ich immer schweigsamer. Ich hatte keine Freude mehr daran, zum Chor zu gehen. Es gab keine Person, der ich genügend vertraut hätte, um von meinem Erlebnis zu sprechen. Die Tage wurden farblos und ich konnte keinen Antrieb, keine Kraft finden. Ich zog mich wieder viel auf mein Zimmer zurück und träumte, malte, saß am PC. Ich versuchte, nicht so sehr aufzufallen, damit mich niemand darauf ansprach, wie es mir ging. Doch ich spürte, wie etwas in mir gestorben war.

Noch immer befand ich mich in einer Abwärtsspirale, aus der ich keinen Weg hinausfand. Dafür fand ich bald eine neue Strategie, mit meiner inneren Leere umzugehen. Es begann eine Zeit, in der ich auf viele Partys ging. Dorffeste oder private Feiern waren nun meine Beschäftigungen, mich abzulenken und wieder etwas aufzuleben. Dabei feierte ich immer exzessiver. Ich spürte, dass ich ein Hochgefühl hatte, wenn ich jemandem näherkommen konnte. Und ich war durstig. Es gab keine Feier mehr, bei der ich nicht in übertriebenem Maße trank.

Es wurde gerade herbstlich und war abends schon etwas kühler. Ich ging auf eine Feier mit den jungen Erwachsenen aus meiner Nachbarschaft. Ich hatte nur einen kurzen Rock an und ein leichtes Top. Wir tranken Sambuca und die jungen Männer zündeten die Shots an, sodass sich kleine blaue Flammen darauf bildeten. Dann lachten wir und spielten Trinkspiele, ich war schnell angetrunken. In meinem Rausch absorbierte ich die Blicke, die mir zugeworfen wurden. Ich fühlte mich begehrenswert und attraktiv. Einer der Männer hatte sehr schöne Augen und in einem Moment stand ich mit ihm auf dem Balkon und wir küssten uns. Dann schauten wir gemeinsam einen Film und einer der anderen jungen Männer massierte meinen Nacken. Er machte viele Anspielungen und verriet mir, dass er mich heiß fand. Ich verbrachte die Nacht mit ihm und wir schliefen miteinander. Es war ein einziger Rausch. Doch der Zauber verflog schnell. Wir wollten ein Paar werden, doch die zehn Jahre, die zwischen uns lagen, machten sich schnell bemerkbar. Er war 24, ich 14 Jahre alt. Es war anstrengend für mich, mich mit ihm zu unterhalten. Nach wenigen Tagen wollte ich ihn nicht mehr sehen.

Stattdessen wollte ich nur noch berauscht sein. Es war Weinfest in der Stadt. Ich trank so viel ich nur konnte. Ein älterer Junge mit Boots beeindruckte mich, als er mit einer Band auftrat. Wir trafen uns nachts auf einem Hinterhof und verkehrten miteinander. Es war mir völlig egal, dass wir draußen waren, wo man uns hätte sehen können. Ich wollte einfach nur begehrt werden. Er wollte eine Beziehung mit mir. Ich wollte ihn wenige Tage später nicht mehr sehen. Daraufhin redete seine Schwester mit mir. Sie sagte mir, dass ich das Herz ihres Bruders gebrochen hätte. Ich war irritiert. Ich hatte nicht das Gefühl gehabt, dass wir uns nahegekommen waren. Für mich war der körperliche Austausch ein Rausch gewesen, völlig bedeutungslos.

Es war Winter. Ich feierte Silvester bei den Freunden meines Freundes mit der Gitarre. Es floss sehr viel Alkohol. Nachdem jemand mit Ouzo um die Ecke kam, war ich schnell ins Aus geschossen. Es war mir noch möglich, mit meinem guten Freund rumzumachen, kurz bevor ich dann den ganzen Vorgarten vollkotzte. Dann legte ich mich in meinen Schlafsack. Ich wachte auf, als die Jungs des Hauses mit Wischtüchern um mich herumliefen und Erbrochenes vom Boden aufwischten. Ich schaute mich um. Die beißend stinkende Brühe lief von mir her weg die Wendeltreppe hinunter. Ich schlief wieder ein.

Am nächsten Morgen wurde ich zum Frühstücken in der Familie eingeladen. Die Eltern meiner Bekannten machten sich einen Spaß daraus, dass es überall nach Erbrochenem roch. „Na, das war ja eine brillante Idee von dir, auch noch Ouzo mitzubringen!", sprachen sie einen der älteren Jungen an, der sich daraufhin kaputtlachte. Ein anderer entgegnete: „Wie kann man dieses blöde Zeug nur trinken, ist ja widerlich!", und lachte ebenfalls.

Ich war sehr erleichtert, dass es keinen Ärger gab. Und beeindruckt zu sehen, dass die Familie so locker war. Ich kam nach Hause und ärgerte mich über meine Eltern. Doch kein Rausch hält ewig und bald fiel ich wieder in ein Loch. Es ging mir furchtbar und ich war trostlos wie nie zuvor. Es wurde sehr einsam in meinem Zimmer. Für eine längere Zeit ging ich zu keinem Treffen, keiner Veranstaltung. Stattdessen war ich konfrontiert mit meinen schlechten Noten. So schlecht war ich noch nie gewesen. Noch nie zuvor hatte ich Fünfen auf meinem Zeugnis gehabt. Meine Lehrer sprachen Warnungen aus und meine Gedanken wurden immer düsterer. Plötzlich spürte ich den Boden unter meinen Füßen nicht mehr. Ich hatte das Gefühl, pausenlos zu fallen. Ich merkte, dass es nichts mehr für mich gab. Und dann kam ein sehr finsterer Gedanke in mein Leben. Wenn ich weg bin, dann wird es niemanden geben, der mich wirklich vermisst. Mein Leben hat für niemanden eine wirklich tiefe Bedeutung. Ich kann nicht sehen, dass es auch nur eine einzige Person gibt, die wirklich für mich kämpft.

Ich zog mich immer mehr zurück. Auch in der Schule hörte ich nur noch zu, nahm aber selbst kaum noch Anteil an Gesprächen. Ich wollte nur noch raus, weg von zu Hause. Eine Freundin sprach voller Begeisterung von Köln. Da packte ich an einem Abend meine Ersparnisse, zog meinen Mantel an und verließ das Haus, ohne mich zu verabschieden. Nur ein Abschiedsbrief lag auf meinem Schreibtisch. Dann stieg ich in den Bus. Vom Bus stieg ich um in den Zug. Ich fuhr Richtung Köln. Ich nahm mir vor, dass es die letzte Stadt sein sollte, die ich sah. Dort wollte ich meinem Leben endgültig ein Ende setzen.

Im Zug nach Köln hörte ich Lieder von der Band „Nirvana". Ich fühlte mich zerbrochen und kalt. Was ist mein Leben schon wert?, dachte ich. Besser, ich bin weg. Das ist für alle besser. Ich bin nur eine Last, mein Leben bringt niemandem etwas Gutes. Mein Herz war so schwer, es war unerträglich für mich. Ich konnte die Einsamkeit kaum aushalten, die auf mir lagerte. Ein Mann setzte sich in dem Zug mir gegenüber. Er schaute mich mit freundlichen Augen an, in denen eine solche Wärme und Fürsorglichkeit lagen, dass eine Mauer in mir zu zerbrechen drohte. Ich wollte ihn nicht ansehen, wollte jetzt nicht nachgeben. Doch dann packte mich eine kindliche Neugier und ich schaute ihm direkt in seine freundlichen Augen. Dann brach ich in Tränen aus.

Ich erzählte ihm alles. Erzählte ihm, dass ich mich umbringen wollte und dass ich keine Hoffnung mehr für mein Leben hatte. Dass ich mich von zu Hause davongeschlichen hatte und einen Abschiedsbrief geschrieben hatte. Er sah mich traurig und voller Mitgefühl an. In diesem Moment wusste ich, dass es nicht das Richtige war, was ich mir vorgenommen hatte. Der Mann, der mir gegenübersaß, hatte tröstende Worte für mich.

Er begleitete mich und ich meldete mich bei der Polizei. Dort baten mich die Polizisten darum, dass ich mich von meinen Eltern abholen lasse. Ich hätte mir sehr gewünscht, dass die Polizisten mich nach Hause fahren würden, doch sie konnten mir meinen Wunsch nicht erfüllen. Es dauerte eine Ewigkeit, bis meine Eltern kamen. Ich saß allein in der Station, die Polizisten sprachen nicht mit mir. Der Mann, der mich begleitet hatte, musste gehen. Ich war innerlich wütend und hasste mein Leben. Meine Eltern holten mich ab und waren besorgt. Ich war wütend auf sie. Ich hätte mir von ihnen gewünscht, dass sie erkannt hätten, wie schlecht es mir ging. Ich hatte das Gefühl, dass sie aus Unsicherheit einen solchen Abstand zu mir eingenommen hatten, dass sie völlig verpassten, was in mir vor sich ging.

Es ging sehr schnell und ich wurde wieder in die geschlossene Jugendpsychiatrie eingewiesen. Es war – wie auch das Mal zuvor – ein einziger Albtraum. Ich hörte die Schreie der ausrastenden Jugendlichen und musste erneut mit ansehen, wie sie auf Liegen gefesselt wurden. Sie wurden wie Tiere behandelt. Wieder wurden wir angeschnauzt vom Pflegepersonal, wenn wir gewisse Benimmregeln nicht einhielten. Die Schwestern waren so unfreundlich, als ob wir alle Schwerverbrecher wären. Ich erhielt nach dem dritten Tag das Dokument, das ich herbeigesehnt hatte: den Vertrag mit mir selbst, mir und anderen nichts zuleide zu tun. Ich unterschrieb ohne Widerwillen, aber mit einem tiefen Groll gegen das Personal auf der Station. Dann konnte ich nach Hause fahren.

Dieses Mal trugen mich meine Eltern auf eine Warteliste für die offene Jugendpsychiatrie ein. Es dauerte noch einige Monate, in denen meine Eltern mir den Rücken freihielten. Wir besprachen meine Situation mit den Lehrern und vereinbarten, dass ich jetzt eine Weile nicht mehr zur Schule gehen würde. Das tat auf eine überraschende Weise gut. Zu Hause fühlte ich mich sicher – wenn auch nicht richtig verstanden. Nach drei Monaten konnte ich meinen Aufenthalt in der Jugendpsychiatrie antreten. Dort wartete ein unerwarteter Lichtblick auf mich, der sogar meinen beruflichen Weg mitbeeinflusste.

Denn die Zeit in der offenen Jugendpsychiatrie war – im Gegensatz zu den Aufenthalten in der geschlossenen Abteilung – eine große Erleichterung und Freiheit für mich. Die Stimmung dort war eine völlig andere. Es waren viele Jugendliche dort, die in meinen Augen völlig normal waren, und es wurde sehr viel gelacht. Die Gemeinschaft tat mir wirklich gut und ich begann, mithilfe der Therapeuten an meinen inneren Baustellen zu arbeiten. Meine Eltern kamen einmal in der Woche zu einem begleiteten Familiengespräch. Diese Gespräche waren sehr anstrengend und ich hatte einige Zusammenbrüche, bei denen ich weinte und mich kaum beruhigen konnte. Doch wir kamen in kleinen Schritten voran. Wir lernten, miteinander zu kommunizieren. Wir lernten, aufeinander einzugehen und unsere eigenen Gefühle wahrzunehmen und zu äußern. Wir begannen, einander zu erzählen, was wir uns voneinander wünschten. Wir sprachen über unsere Beziehung zueinander. Noch immer lag ein weiter und schwerer Weg vor uns als Familie, doch in dieser Zeit konnten wir zu Atem kommen und manches durfte anfangen zu heilen.

Diese Zeit veränderte vieles und gab uns allen Mut und Kraft zurück. Mittlerweile war ich 15 Jahre alt. Als ich zurück nach Hause kam, konnte ich mit meiner Chorleiterin über den Vorfall mit dem Mitsänger sprechen, der mich in den Wald geführt und geküsst hatte. Sie sagte, dass sie sich darum kümmere und dass ich keine Angst zu haben brauchte. Auch meine Mama erfuhr davon und unterstützte mich. Sie reagierte nicht so ängstlich, wie ich es von ihr erwartet hätte. Es war eine Erleichterung. Der Mann trat aus dem Chor aus und ich habe ihn nicht mehr gesehen. Es dauerte einige Zeit, dann konnte ich wieder mit den anderen zusammen singen. Ein bisschen Lebensfreude kehrte zurück zu mir. Das Leben wartete wieder auf mich. Und es gab noch einiges zu entdecken.

Metal, Satanismus und ein großer Bahnhofsvorplatz

Das neue Unbekannte eröffnete sich mir in Form unseres Schülertickets, das es meinen Freunden und mir ermöglichte, die lange Strecke bis nach Koblenz kostenlos zu fahren. In meiner Vergangenheit war diese Stadt mit krampfhaften Shoppingtouren verbunden, in denen ich Kleider mit meiner Mutter ausgesucht und mich in nichts wohlgefühlt hatte. Doch es gab in Koblenz auch eine Seite, die ich noch nicht entdeckt hatte: die Szene.

Es ist schwer zu sagen, was genau für eine Szene es war, der ich dort begegnete. Linksradikale Skinheads tummelten sich mit Skatern, mit Metalheads, mit Punks. Emos mit dicken Eyelinern und ihrem Pony im Gesicht tranken ihr Bier mit nietenumgürteten Irokesenträgern. Ich konnte einfach nicht fassen, dass es so viele Menschen gab, die das lebten, wonach ich mich sehnte: das Gefühl, anders zu sein, nach außen zu tragen. Sich nicht anzupassen, sondern auszubrechen. Ich spürte, dass all diese Jugendlichen, die ich dort sah, Außenseiter waren – und gleichzeitig waren sie für mich die bewundernswertesten Menschen auf dem Planeten. Ich konnte mich nicht sattsehen an der Ausdrucksstärke, die ich wahrnahm. Und ich spürte einen neuen Wind, eine Kraft und eine Freiheit. Insgeheim wusste ich, dass ich einen Ort gefunden hatte, an dem ich mich für nichts schämen musste. Und genau so war es auch.

Als ich das erste Mal dort war, saugte ich all die Einflüsse wie ein Schwamm auf und war völlig aufgeregt. Ich lernte sehr schnell Leute kennen. Es wurde viel getrunken, auch wenn keiner wirklich Geld dafür hatte. Es berührte mein Herz, wie alle das teilten, was sie hatten. Wenn jemand eine Kiste Bier hatte, teilte er sie mit allen. Es war keine Schande, wenig zu besitzen. Abgetragene Kleider wurden gefeiert. So manch einer leistete sich ein Bandshirt von seiner Lieblingsband oder suchte sich ein Nietenarmband aus. Manche, die arbeiten gingen, ließen sich Tattoos stechen oder piercen. Andere steckten sich Sicherheitsnadeln in die Ohren, die sie vorher mit einem Feuerzeug erhitzten. Meine Freunde und ich stießen mit den anderen an und hatten eine gute Zeit. Ich bekam ein paar Gespräche mit, wo über absurde Liedtexte gelacht wurde oder wo man sich über Nazis aufregte.

Aber um 23:30 Uhr war der Zauber zu Ende. Das war die Zeit, zu der der letzte Bus nach Hause fuhr. Wir sprachen die ganze Rückfahrt über unsere Erlebnisse und ich wusste, dass ich wieder zurückkommen würde. Die ganze Woche in der Schule konnte ich nur noch daran denken, was ich erlebt hatte. Alles andere begann zu verschwimmen. Die Schule kam mir kleiner und unwichtiger vor, die Gespräche dort so banal und langweilig. Ich konnte es kaum erwarten, wieder nach Koblenz zu fahren.

Wir fuhren wieder hin, lernten mehr Leute kennen und saugten den Lifestyle weiter auf. Ich fuhr so oft hin, wie es mir möglich wurde. Es erfüllte mich mit einer unglaublichen Energie. Unsere Gespräche waren gefüllt von Sarkasmus, Selbstironie und – und das war neu für mich – auch mit Hass. Es wurde eine Wut kundgetan über „das System", über Scheinheiligkeit, über biedere Familienverhältnisse, die nicht das halten konnten, was sie versprachen. Über aufgehübschte Außenfassaden und tiefgreifenden Schmutz im Inneren von Menschenleben. Es war für mich eine große Erleichterung, Raum zu finden, Worte für etwas zu finden, was ich die ganze Zeit tief in meinem Herzen trug. Ich genoss es, dass Außenseiter gefeiert wurden, und fühlte mich am richtigen Ort. Auf einmal gab es viele Nerds um mich herum, die auf die gleichen Trashfilme standen wie ich. Horror, Fantasy und Monty Pythons. Wir lachten uns kaputt über schlecht gedrehte Horrorfilme, in denen mehr Kunstblut floss als Wasser durch den Rhein und in denen Haie in Tornados durch den Himmel geschleudert wurden.

Ich wurde an die Hand genommen zum Skateboardfahren und um dubiose Mischgetränke auf Korn-Basis zusammenzubrauen, die wir dann liebevoll „Mäusepisse" nannten. Wie konnten Leute nur so cool und abgebrüht sein? Es gab solche unter den Massen, die stinkefingerzeigend auf parkenden Polizeiautos posierten. Sie fuhren in Zügen, ohne zu bezahlen. Ich war fasziniert davon, wie mir die Punker erzählten, welche Städte sie schon gesehen hatten. Sie fuhren zu Chaos-Tagen nach Berlin, Köln, Hamburg und vielen anderen großen Städten. Sie gingen auf große Demos und schienen jeder Androhung von körperlicher Gewalt durch Nazis unerschrocken zu begegnen. Ich konnte mir stundenlang ihre Geschichten anhören und meine Augen wurden immer größer.

Zu Beginn dieser Zeit war ich noch sehr gewissenhaft, was den letzten Bus nach Hause anging und was Verabredungen mit meinen Freunden betraf. Doch schon bald hielt ich mich nicht mehr daran. Die Grenzen verschwammen. Ich trank mit meinen Freunden Sangria aus dem Tetrapack und war so betrunken, dass ich besagten letzten Bus verpasste. Mit einem schlechten Gewissen rief ich meine Eltern an, damit sie mich abholten. Sie waren nicht erfreut, aber viel zu treu und umsorgend, als dass sie mich allein in der Stadt gelassen hätten. Es fing an, mich zu nerven, dass der letzte Bus so früh fuhr. Ich beschwerte mich darüber und wurde ausgelacht, dass ich mich immer wieder so früh auf den Weg machte. „Da fängt der ganze Spaß doch erst richtig an!", sagte einer der Punker zu mir. Ich wusste, dass sie erst später begannen, in Bars und Clubs zu gehen.

Es dauerte Monate, bis ich andere Möglichkeiten für mich sah, dort zu bleiben. Denn es war eine große Überwindung für mich, den Schritt in die Ungewissheit zu machen. Doch die Leichtigkeit, die meine dortigen Freunde ausstrahlten, war mir alles wert. Ich wollte genau so frei sein wie sie. Also fing ich an, ungenau zu werden, was meine Vereinbarungen mit meinen Eltern anging. Ich blieb dort, ohne zu wissen, wo ich schlafen sollte, und besprach am Handy mit meinen Eltern, dass ich bei Freunden unterkommen würde. Dann verbrachte ich meine erste Nacht mit dem „Gesöcks" in der Tiefgarage. Es war schweinekalt und ich konnte nicht schlafen. Es stank nach Autoabgasen und Urin, aber es war unvergesslich. Am nächsten Morgen tranken wir Bier und holten uns einen Kaffee bei McDonald's. In mir gab es einen Hunger, der immer mehr wuchs: Ich wollte ein Teil dieser Szene sein. Ich wollte, dass die anderen wussten, wie ich bin. Ich wollte einen Namen haben.

Es passte mir nicht mehr, dass meine Freunde aus meinem Umfeld „brav" nach Hause fuhren. Dass sie sich anpassten. Ich wollte mehr erleben, mehr sehen. Nach und nach lernte ich auch die Clubszene kennen. Wir spielten in Bars die ganze Nacht Billiard, gingen auf Konzerte im Irish Pub und machten Lagerfeuer in den Rheinauen in Neuwied. Für mich wurden diese Erlebnisse unverzichtbar und ich nahm alles in Kauf, um dort sein und dort bleiben zu können. Um halb zwölf nach Hause zu fahren, war für mich wie ein bitterer Verlust und ein Rückschritt in eine Welt ohne Namen und ohne Bedeutung, in der ich nicht länger sein wollte. Ich trug eine Maske, wenn es um meine Eltern ging. Ihnen erzählte ich fast nichts von dem, was ich erlebte. Ich traute ihnen nicht zu zu verstehen, wie wichtig diese Welt für mich war. Und ich wollte nicht, dass sie mir Grenzen setzten und mir die Zeit vermiesten. Ich ging zur Schule, wenn ich dort auch nicht allzu große Fortschritte machte. Zu Hause drehte ich meine Musik auf, bis meine Eltern in mein Zimmer geplatzt kamen, um sich zu beschweren.

Meine Freunde aus der Schule ließ ich hinter mir. Sie entdeckten zwar auch nach und nach Koblenz genauso wie ich und ließen sich begeistern, doch ich hielt es dort wie mit einer Religion. Es war mir heilig und ich war zu keinen Kompromissen bereit. Jedes Mal, wenn ich dort war, tranken wir, was das Zeug hielt. Es war mir ein großer Spaß, betrunken vom Bahnhofsvorplatz in die Stadt zu laufen und dabei das Gefühl zu haben, dass die Häuser neben mir flüssig wurden und ich schnell war wie ein Windhund. Zu trinken ließ mich locker werden und erlaubte es mir, frech zu sein und einen ironischen Humor zu entwickeln. Ich feierte es sehr, wenn Leute um mich herum lachten.

Doch wir stießen mit dem Konsum an unsere Grenzen. Viel zu trinken, war teuer und kaum jemand von uns hatte viel Geld. Ich ließ mich gerne einladen, was nicht selten in einem Flirt oder auch mehr endete.

Einmal verbrachte ich mit meinem Freund Freddy und seinem Schäferhund einen ganzen Tag auf der Straße und sammelte Geld. Am Ende des Tages teilte er die Ausbeute mit mir und wir aßen Dosensuppe, tranken Bier und er zeigte mir das Haus, wo er mit seinen Freunden unterkam. Es war ein besetztes Haus. Leerstehend, alt, baufällig und voller Graffiti. Ich liebte es. Die meisten der Fenster waren zerbrochen und provisorisch mit Panzertape geklebt. Es gab ein paar Möbelstücke aus dem Sperrmüll. Alte, durchgelegene Matratzen, auf denen Schlafsäcke lagen. Der Boden, die Ablagen, Fensterbänke: Alles stand voll mit leeren und halbleeren Bierdosen. Zigaretten ragten aus Gläsern mit brauner Brühe, es roch nach verschwitzten Kleidern und ausgedünstetem Alkohol. Es war alles so zerbrochen, und doch waren meine Freunde, die dort lebten, zäh und abgehärtet. Es machte ihnen nichts aus.

Ich lernte allerhand Menschen kennen. Solche, die mir die Haare festhielten, wenn ich mich am Straßenrand übergab, solche, die mich auf mein nächstes Getränk einluden, und solche, die mir ihre Überlebensstrategien in der Szene zeigten. Ich lernte einen Jungen mit italienisch klingendem Namen und Lederjacke kennen. Wir sprachen davon, wie schnell das Geld für Alkohol ausging und dass es leckere Liköre gab, an die man so ohne Weiteres nicht herankam. Er zwinkerte mir zu und wir liefen zum Supermarkt. Er erzählte mir, dass sein Vater Polizist sei und er genau wüsste, worauf man achten müsste.

Wir gingen in den Laden und ich steckte eine Flasche nach der anderen in meine Tasche. Schnäpse und Liköre aller Art. Er riet mir, mich dabei nicht umzuschauen, und behielt selbst den Laden im Blick. Dann zeigte er mir, worauf ich achten müsste, um einen Polizisten in Zivilkleidung zu erkennen. Er zeigte mir eine Person, die telefonierte und sich dabei in alle Richtungen umdrehte. Um diese Person sollte ich einen großen Bogen machen. Alibimäßig legte ich an der Kasse eine kleine Dose Zimt auf das Band, den ich später in die Getränke mischen wollte. Ich zahlte den Zimt und ging mit meinem Freund raus. Mein Herz pochte so heftig, ich rechnete damit, dass mir jeden Moment jemand hinterherrufen würde, dass ich stehen bleiben solle. Ich fürchtete mich davor, dass es wie im Kaufhaus Sensoren gab, die an den Artikeln befestigt waren, und ein Alarm ausgelöst werden würde, wenn ich den Laden verließ. Doch nichts davon trat ein.

Ich konnte es nicht fassen. Meine Tasche war so voll mit Flaschen, alles klapperte. Die letzten Schritte zurück zum Bahnhofsvorplatz rannten wir. Ich konnte es kaum abwarten, meine Beute mit den anderen zu teilen und die ungläubigen Gesichter zu sehen. Es war mir eine Genugtuung, es den Leuten zu zeigen, die mir solche Dinge nicht zutrauten. Gerade sie sollten ein paar Schlucke von meinen köstlichen Likören nehmen – damit sie nicht mehr gegen mich sprechen würden. Es war ein Adrenalinschub ohnegleichen. Ich spürte, wie mich das Erlebnis berauschte. Einen ganzen Tag brauchte ich, um mich davon zu erholen. Dann wollte ich mehr davon. Es kam nun immer häufiger vor, dass ich etwas mitgehen ließ, und meistens war es Alkohol. Doch das war nicht die einzige Strategie, die ich mir aneignete.

Ich hatte beobachtet, wie groß die Bereitschaft von Passanten war, jemandem einen Euro in die Hand zu drücken, wenn man sich kleine Ausreden einfallen ließ. Ich begann, fremde Menschen anzusprechen, und wurde dabei sehr einfallsreich. „Haben Sie einen Euro für mich? Ich muss noch Geld für den Bus zusammenbekommen, habe meine Fahrkarte vergessen." – „Ich habe kein Handy bei mir und würde gerne eine Telefonzelle nutzen." – „Ich bin durstig und würde mir gerne von Kleingeld etwas zu trinken kaufen" (was ja nicht komplett gelogen war) – oder einfach: „Haben Sie einen Euro für mich?" Es gab nicht immer eine Rückfrage. Ich war ja immerhin ein nettes Mädchen, wenn ich auch zu dieser Zeit vermutlich recht heruntergekommen aussah. So sorgte ich dafür, dass ich genug zu trinken hatte, um dem Abend den für mich nötigen Rausch zu verpassen. Ein Abend ohne Alkohol wäre für mich in dieser Zeit unvorstellbar gewesen. Dieses peinliche Schweigen, Grübeln, Nachdenken. Das wollte ich mit allen Mitteln vermeiden. Ich war das ein oder andere Mal so betrunken, dass ich meinen Blasendrang nicht kontrollieren konnte und mich einfach draußen in der Stadt in unbeobachteten Momenten irgendwo hinsetzte und es laufen ließ.

Die meiste Zeit in Koblenz ging es für mich hauptsächlich darum, Spaß zu haben, ohne dass ich in den lebensfeindlichen Umständen, die mir zum Teil begegneten, eine reale Gefahr gesehen habe. Aber es gab ein Erlebnis, das so krass war, dass es mich wirklich nachhaltig schockte und abschreckte. Einmal begegnete ich einem jungen Mann, den ich noch nie zuvor getroffen hatte. Er sah verhältnismäßig unauffällig aus im Gegensatz zu den ganzen Szene-Leuten, die ich sonst um mich herum versammelt hatte. Wir kamen ins Gespräch und ich fragte ihn, was er so treibe in dieser so abgeranzten Welt. Er fragte mich, ob er mir vertrauen könne, dass ich darüber schweigen würde, wenn er mir zeigen würde, was er tat. Ich versprach es ihm und fühlte mich völlig sicher damit. Im Traum hätte ich mir nicht vorstellen können, wie viel krasser es hätte werden sollen – hatte ich doch schon viel gesehen. Doch was ich dann sah, war mit all dem nicht vergleichbar, was ich schon mitbekommen hatte.

Wir gingen Richtung Bahngleise, wo wir an den besetzten Häusern vorbeikamen. Ich zeigte ihm, wo ich bereits gewesen war und Leute kannte. Doch dieses Mal gingen wir weiter in das Viertel hinein und kamen an ein bewohntes Reihenhaus. Dort klingelten wir und gingen einige Stockwerke durch das enge Treppenhaus nach oben. Eine Dame Mitte 20 öffnete uns die Tür. Mein Begleiter stellte mich kurz vor und wir gingen ins Wohnzimmer. Dort saß der Partner der Frau an einem Glastisch. Ich kam dazu und musste schlucken, weil auf dem Tisch ein übergroßes Messer und eine Waage lagen. Die Frau und der Mann hatten ihre Ärmel hochgekrempelt und waren übersät mit tiefen Narben, die offenbar mit einem solchen Messer gesetzt worden waren. Die Narben sahen noch sehr frisch aus. Der Mann, mit dem ich unterwegs war, griff in seine Tasche und holte eine Packung mit weißem Pulver daraus hervor. Sie war so groß wie eine Packung Mehl, in durchsichtige Folie eingepackt. Er breitete das Pulver auf dem Tisch aus und sie wogen es auf der Waage. Ich konnte kaum glauben, was ich dort sah. Noch bevor ich anfangen konnte, darüber nachzudenken, griff eine kleine Kinderhand nach mir.

Ich drehte mich um und sah ein kleines Mädchen hinter mir. Sie konnte noch nicht richtig laufen und hielt sich an mir fest. Ich entschloss mich, lieber mit dem Kind zu spielen und die Kleine ein wenig zu beschäftigen. So konnte ich nicht mehr hören, wie das junge Paar mit dem Mann über Geschäftliches sprach. Ich versuchte, mich abzulenken, während das Kind mir ein paar seiner Spielsachen zeigte und mich in ein unschuldiges Gespräch verwickelte. Mir schossen gefühlt eine Millionen Fragen durch den Kopf. Wo um alles in der Welt war ich hier gelandet? Was musste diesen Eltern widerfahren sein, dass sie sich so quälten? Wer war der Mann, mit dem ich unterwegs war, und konnte ich ihm vertrauen? Was sollte aus dem kleinen Kind werden, wie könnte es in einem solch furchtbaren Umfeld groß werden? Ich war gerade Zeugin eines Drogenhandels geworden, ein Drogenhandel im größeren Stil. Was würde man nun von mir verlangen, damit ich schweige? Würde man versuchen, mich zu kontrollieren, mich vielleicht bedrohen?

Ich war verwirrt, sahen doch die Eltern des Kindes bis auf die Narben völlig normal aus. Wenn ich ihnen auf der Straße begegnet wäre, hätte ich vermutet, dass die Frau vielleicht eine Erzieherin und der Mann möglicherweise ein klassischer Angestellter einer Firma wäre. Sie hatten sich sehr gepflegt ausgedrückt und in ihrer Ausstrahlung war nichts Gebrochenes oder Getrübtes gewesen. Es irritierte mich über alle Maßen. Mir war bange davor, was mich als Nächstes erwarten würde. Mein Begleiter kam nach einigen Minuten zurück und sprach mich an. Ich erschrak kurz und riss mich dann zusammen. Er sagte mir, dass er wieder gehen würde, und fragte, ob ich mit ihm zurückgehen wolle.

Ich war für einen kurzen Moment unentschlossen. Einerseits hatte ich kein Vertrauen zu dem Mann, er erschien mir unberechenbar und skrupellos – andererseits konnte ich es kaum noch aushalten, an diesem Ort zu verweilen. So verabschiedete ich mich von dem Kind und machte mich mit ihm auf den Weg.

Auf dem Rückweg beruhigte ich mich ein bisschen und wir unterhielten uns.

Nach diesem Ereignis sah ich diesen Mann nicht mehr wieder. Er verschwand im Nichts, genauso wie er gekommen war. Doch dieser Vorfall hatte mir gegen meinen Willen die Zerbrochenheit dieser Welt vor Augen gemalt, die ich doch eigentlich in schillernden Farben sah. Heute ist mir die Gefahr deutlich bewusster. Zu viele meiner damaligen Freunde sind richtig in Drogen abgerauscht, nachdem sie ihre Jugend auf dem Bahnhofsvorplatz verbracht hatten. Aber noch war in mir nicht viel Raum für solche Reflexionen. Mein Rückschluss aus der Situation war erst einmal, dass ich mehr bei meinen bisherigen Bekannten bleiben wollte.

Es gab einen Freund aus der Metal-Szene, zu dem ich mich körperlich hingezogen fühlte. Man nannte ihn „Metal-Marco". Wir trafen uns oft und saßen viel zusammen. Immer mal wieder bekam ich mit, wie vielen Grenzsituationen er sich aussetzte. Er aß giftige Pilze, um einen Rausch zu bekommen, er war ab und zu mehrere Tage verschwunden und tauchte dann wieder auf, ohne dass jemand sagen konnte, wo er gewesen war. Er gehörte fest in den Kreis der Alteingesessenen. Zu der Zeit, in der ich ihn kannte, hätte ich mir vorstellen können, mit ihm in einer Beziehung zu sein. Das wollte er allerdings nicht. Die Vorstellung von Verbindlichkeit war für ihn komplett befremdlich. Wir sprachen immer wieder davon, dass wir eine „wilde Ehe" hätten, und trafen uns, um miteinander rumzumachen, wenn wir getrunken hatten. Ansonsten hatten wir beide ein sehr großes Bedürfnis nach Freiheit.

Ein anderer Freund von mir wurde von allen Matze genannt. Er hatte einen riesigen Iro. Jeden Tag verbrauchte er fünf Dosen Haarspray und eine Dose Haarwachs, um sich zu stylen. Er trug immer eine Ratte mit sich herum. Ich mochte ihn von Anfang an, er hatte ein großes Herz. Er hatte für alle ein offenes Ohr, die Kummer hatten, und er war immer darauf bedacht, Lösungen zu finden, wenn es Probleme gab. Das wenige, das er hatte, teilte er mit allen. Er war einer der wenigen Freunde aus der Koblenzer Gegend, die sich an einem Wochenende mit mir auf den Weg machten, um mich zu Hause zu besuchen.

Bevor er zu Besuch kam, hatte es nur eine andere Freundin aus Koblenz gegeben, die mit mir nach Hause gekommen war. Zwei Welten hatten sich berührt. Die Fahrt zu mir nach Hause hatte gefühlt eine Ewigkeit gedauert. Mir war es unangenehm gewesen, dass sie so lange fahren musste. Ich hatte mich wie ein Bauernmädchen gefühlt, mein Elternhaus lag tief im Hunsrück. Keine größere Stadt weit und breit. Meine Freundin hingegen lebte ein echtes Stadtleben und sie bereute nichts von dem, was sie tat. Sie ließ sich auch nichts sagen. Ich hatte befürchtet, dass sie mein Leben, meine eigentliche Herkunft, langweilig finden könnte. Während der Fahrt hatte sie begonnen zu seufzen und gelangweilt durch die Gegend zu schauen. Dann hatte sie mich gefragt, ob wir zu Hause auch Alkohol hätten. Na klar – ich wusste, wo der Alkoholschrank meiner Eltern war! Doch es hatte sich später herausgestellt, dass sie nicht so leicht zufriedenzustellen war. Ganz im Gegenteil, sie war mit *nichts* zufrieden. Ständig hatte sie mich gefragt, ob es Alkohol gäbe oder ob wir etwas rauchen könnten. Dann hatte sie mich gefragt, ob ich an Drogen herankäme. Doch da hatte ich passen müssen. Schließlich hatte sie gesagt, dass sie einen Schmacht hätte und ob ich einen heißen Typen kennen würde, mit dem sie in der Nacht schlafen könnte. Ich war von ihren Fragen irritiert gewesen und hatte mich unzulänglich gefühlt, weil ich ihr nicht das hatte geben können, was sie sich wünschte. Nachdem ihr alles nicht gereicht hatte, wollte sie früh schlafen gehen. Es war eine sehr ernüchternde Verabredung für mich gewesen. Am nächsten Morgen hatten wir mit meinen Eltern zusammen am Frühstückstisch gesessen. Es war sehr erstaunlich gewesen: Mein

Papa hatte sich sehr angeregt mit meiner Freundin unterhalten. Er hatte sie nach ihrem Leben, ihren Hobbys, ihren Träumen und ihrem Wohlbefinden gefragt. Es war so eine aufrichtige Anteilnahme, Herzlichkeit und Offenheit zu spüren gewesen, dass ich all meinen Ärger und meine Unsicherheiten vergessen hatte. Wir hatten noch eine Weile zusammengesessen, bis meine Freundin wieder ihrer Wege gegangen war. Es war das erste und das letzte Mal gewesen, dass sie mich besucht hatte.

Als Matze mich nun besuchte, war ich ein bisschen entspannter, was nicht zuletzt auch an seiner angenehmen Art lag. Ich spürte bei ihm, dass er nichts von mir einforderte, sondern einfach die Zeit mit mir genoss. Egal, was sich daraus entwickelte. An dem Abend, als er mich besuchte, versuchte ich für mich herauszufinden, ob er mein Freund sein könnte. Wir kamen uns auch etwas näher, doch ich spürte, dass es sich für mich nicht so anfühlte, wie ich es mir vorgestellt hatte. Der Reiz war nicht so stark. Wir unterhielten uns noch sehr lange. Ich erinnere mich gut, dass ich am nächsten Morgen aufwachte, weil ein beißender Gestank die ganze Wohnung erfüllte. Vorsichtig schaute ich mit meiner Mama zusammen nach, was los war. Im Wohnzimmer schlief Matze tief und fest. Seine Ratte jedoch war die ganze Nacht aktiv gewesen und hatte überall kleine Häufchen und Pfützen hinterlassen. Es war kaum auszuhalten, so sehr stank es. Wir gingen rückwärts aus dem Raum heraus und bereiteten das Frühstück vor.

Es gab keinen Ärger. Wieder saßen wir gemeinsam am Tisch und wieder unterhielt sich mein Papa mit Matze. Es war ein sehr berührendes Gespräch. Mein Papa fragte danach, welche Leidenschaften Matze hatte und was er gerne mal beruflich machen wollte. Zu Beginn des Gesprächs hatte mein Freund etwas geknickt am Tisch gesessen. Am Ende des Gesprächs war er völlig aufgerichtet und seine Augen leuchteten. Meine Mama schien auch sehr berührt. Sie war anfangs angespannt gewesen, doch auch sie konnte sich auf das Gespräch einlassen. Sie traute sich nicht, Matze zu bitten, den Dreck der Ratte wegzumachen. Ich half ihr später dabei.

Eine der bemerkenswertesten Begegnungen in Koblenz hatte ich mit einem Jungen, den alle Benny nannten. Ich habe ihn gesehen und mich sofort in ihn verliebt. Er war vielleicht ein oder zwei Jahre älter als ich, hatte seine Haare sehr kurz rasiert und trug weite, ausgewaschene Shirts und kurze Hosen mit Nietengürtel, dazu Chucks mit bunten Schnürsenkeln. Er war sehr lässig und strahlte etwas von einem unschuldigen kleinen Jungen aus, den man gern in den Arm nehmen wollte. Gleichzeitig war er schlagfertig und gewitzt. Er brachte mich andauernd zum Lachen und ich wollte keine Minute ohne ihn verbringen, sobald ich in Koblenz war. Er mochte mich auch und sagte scherzhaft zu mir: „Na, dich bekommen wir auch noch in die Kiste." Das fand ich ziemlich aufregend.

Es gab einen Abend, an dem wir uns alle auf dem Bahnhofsvorplatz versammelten. Es war eine wunderschöne Sommernacht, Freddy gab eine Feuershow zum Besten und jemand machte Livemusik dazu. Ich hatte mit meinen Eltern ausgemacht, dass sie mich später abholen sollten. An dem Abend saß ich auf Bennys Schoß und er streichelte meine Haare. Ich fühlte mich wie ein kleines Mädchen in seiner Nähe. Meine Eltern kamen zu uns auf den Platz und waren von der Stimmung positiv überrascht. Ich sagte zu Benny, dass er zu uns kommen könnte und dass er seine Sachen packen sollte. Er ging in das besetzte Haus, wo er zu der Zeit mit Freddy wohnte. Meine Eltern fuhren mit mir zu dem Haus und ich sagte ihnen, sie sollten kurz warten, damit wir Benny mitnehmen könnten. Doch dann kam eine Reaktion von meinem Vater, die ich nicht erwartet hätte.

Er drehte sich im Auto zu mir um und sagte, dass er Benny nicht mitnehmen wollte. Meine Kinnlade rutschte runter bis zum Boden. Verständnislos schaute ich ihn an. War er nicht derjenige gewesen, der meine Freunde so herzlich aufgenommen hatte? Konnte er nicht für jeden Menschen Begeisterung aufbringen und sein Herz zeigen? Ich begann ihn zur Rede zu stellen, als Benny zum Auto kam. Mit verschlossenen Fenstern diskutierten wir einige Zeit, doch mein Vater hielt an seiner Haltung fest. Traurig und fassungslos kurbelte ich mein Fenster runter und sagte Benny, dass er nicht mit zu uns nach Hause kommen konnte. Es brach mir das Herz. Benny winkte lässig ab. Es sei kein Problem, vermittelte er. Er sagte so etwas wie: „Wir sehen uns wieder, Kleines." Ich weiß es nicht mehr so genau. Dann fuhren wir los.

Die Autofahrt war voller dicker Luft. Mein Papa und ich diskutierten bis ins Unendliche miteinander und stritten uns. Der Ärger hielt noch lange an und sollte bei mir noch in eine ganz andere Stimmung umschlagen. Das nächste Mal, als ich wieder nach Koblenz kommen konnte, war Benny nicht da. Ich suchte ihn in der ganzen Stadt. Alle Plätze, an denen wir uns normalerweise aufhielten. In den Rheinauen, am Rosengarten, im Irish Pub, in der Spielebar. Er war nirgendwo zu sehen. Ich schaute in den WGs nach und dem besetzten Haus. Er war nicht dort. Ich fragte seine Freunde, Personen, die ich oft mit ihm gesehen hatte. Sie konnten mir nicht sagen, wo er war. Es schien auch niemanden groß zu interessieren. Es war nichts Neues, dass Benny länger wegblieb. Er war manchmal in anderen Städten unterwegs, manchmal hatte er im Drogenrausch seine Orientierung verloren.

Ich machte mir Sorgen um ihn. Mehrere Tage blieb ich vor Ort, ich konnte ihn nicht finden. In der nächsten Woche das Gleiche. In den Straßen dachte ich ständig, ich würde ihn sehen. Jede männliche Person erinnerte mich an ihn. Ich rief seinen Namen. Ich fragte, wo seine Eltern lebten, aber konnte es nicht herausfinden.

Es war ein schmerzhafter Verlust. Wie gern hätte ich ihm gesagt, dass es mir leidtat, dass meine Eltern ihn hatten stehen lassen. Es war unfassbar schlimm für mich. Ich hatte einen unsagbar großen Zorn gegen meine Eltern in meinem Herzen. Es war mir unerklärlich, wie sie jemanden hatten ablehnen können, der mir so ans Herz gewachsen war. In meinen Augen hatten sie nicht verstanden, welche Menschen sich hier in Koblenz aufhielten, welche Stärke und Wunder in ihnen verborgen lagen. Ich warf ihnen vor, sich in falsche Sicherheiten zurückzuziehen und ihr biederes Dorfleben vorzuziehen, das für mich bis zum Himmel stank. Ich empfand, dass sie unfähig waren, das Wesentliche zu sehen, und warf ihnen vor, auf eine „saubere Fassade" zu achten. Das befremdete mich zutiefst.

Es dauerte Wochen, bis ich mich wieder einigermaßen sortiert hatte und an andere Dinge als an meine ständige Suche nach Benny denken konnte. Einer der Jungs schaffte es, mich in dieser Zeit immer wieder zum Lachen zu bringen. Er wurde von allen Brutus genannt. Er war attraktiv, hatte schöne braune Augen, breite Schultern und Grübchen in der Wange beim Lächeln. Er zählte sich zu den linken Skinheads. Hatte eine Glatze, trug meistens Hemden in Jeans mit Hosenträgern und Springerstiefeln. Ich fand ihn stark und er schaffte es, mich gut abzulenken. Dazu war mir jedes Mittel recht. Und so war der Nährboden bereitet für wohl eine der verrücktesten Aktionen, in die ich mich verwickeln ließ.

Wir tranken gemeinsam und waren zu zweit auf Tour. Wir flirteten heftig und ich vergaß alles um mich herum. So kam es, dass wir in einer Kneipe landeten und nach einiger Zeit die Einzigen waren, die sich dort im Untergeschoss aufhielten. Wir waren beide so aufgeheizt, dass wir noch an Ort und Stelle miteinander schliefen. Mit einem verschmitzten Grinsen kamen wir die Treppe hoch in den Hauptraum, wo man uns mit einem tosenden Applaus empfing. Einige der Angestellten in der Bar zeigten auf einen Bildschirm, auf dem man den Raum sehen konnte, in dem wir uns miteinander vergnügt hatten. Mit einem Pokerface ging ich aus der Kneipe heraus.

Aber in meinem Inneren spielte sich ein Kampf der Gefühle ab. Es fühlte sich einerseits demütigend an, doch das kam kaum zum Vorschein, ich unterdrückte es völlig. Denn es löste auch einen gewissen Stolz in mir aus, über Grenzen gegangen zu sein. Menschen begeistert und geschockt zu haben. Meine Fantasien einfach ausgelebt zu haben. Solche Dinge gehörten zu meinem Leben dazu und es waren die Erlebnisse, auf die ich es ankommen ließ. Es machte mich mehr zu einem Teil dieser Stadt. Die Kleider des braven Mädchens hatte ich abgelegt und mir die löchrigen, stinkenden, verranzten Kleider eines wilden und ungezähmten Lebens angezogen.

In der Woche danach erzählte ich in der Schule davon. Meine Freundinnen konnten es kaum glauben, sie starrten mich an. In dem Moment wurde ich sehr stolz. Ich hatte es geschafft. Der Status des naiven Bauernmädchens war gebrochen. Ich führte nun ganz offiziell den Lebensstil eines freiheitsliebenden, verwegenen Straßenmädchens, das zu allem in der Lage war. Ich liebte es, wie meine Handlungen provozierten und erstaunten. Immer wieder kam es nun dazu, dass ich von meinen intimen Begegnungen erzählte, sie häuften sich nach diesem Ereignis. Ich freute mich genauso sehr darauf, von den Erlebnissen zu erzählen, wie ich mich darauf freute, sie zu erleben.

Aber diese Erlebnisse kosteten mich auch einen hohen Preis. Ich war immer wieder fixiert auf Personen, klammerte. Wenn mir jemand seine Zuneigung zeigte, begann ich, in Traumschlössern mit der Person zu leben. Ich stellte mir ein glückliches Leben vor. Ein Leben, in dem ich Anerkennung geschenkt bekam. Ein Leben ohne Einsamkeit. Wo jemand die Wunder in meinem Leben mit mir entdeckte. Ich stellte mir vor, dass jemand über meine Persönlichkeit staunte, meine Begabungen schätzte. Ich wünschte mir nichts sehnlicher, als innige Zwei-samkeit zu haben und mein Herz teilen zu können.

Es war jedoch nicht das, was ich bekam. Stattdessen erlebte ich Enttäuschungen. Brutus kam zu mir und sagte, dass er kein Interesse an mir habe. Er könne sich nicht vorstellen, mit mir in einer Beziehung zu sein. Dafür hätte ich viel zu schnell und zu früh mit ihm geschlafen. Das fand er irgendwie billig. Ich war sauer, frustriert und niedergeschlagen. Anstatt mich geliebt und geschätzt zu fühlen, erlebte ich schmerzhafte Ablehnung. Und wenn ich auch noch so viel von meinen Abenteuern in schillernden Farben erzählte und mitteilte – so wenig gelang es mir auf der anderen Seite, von meinem Schmerz zu reden. Ich teilte mich nicht mit, wurde still und fühlte mich einsam. Mit jedem intimen Date erlebte ich mehr Ablehnung und wurde mehr und mehr gebrochen. Je mehr ich gebrochen war, desto tiefer sehnte ich mich danach, Kontrolle über mein Leben zu behalten und meine Würde aufrechtzuerhalten.

Auch wenn ich Scham aufgrund meines zerbrochenen Beziehungslebens empfand, so entdeckte ich doch einen anderen Weg, der mir das Gefühl von Überlegenheit gab. Dieser Weg brachte mich dem Abgrund womöglich näher als je zuvor. Es fing an durch die Musik, die ich hörte, die finster und voller Verherrlichung für eine sehr düstere und aufregende Welt war. Ich begann, mich für die „andere Seite" zu interessieren. Mein ganzes Leben lang war ich mit Religiosität konfrontiert gewesen und hatte es als heuchlerisch empfunden. Die Kirche hatte mir nichts geben können und ich hatte für sie nur Spott übrig.

So kam es, dass ich auf den modernen Satanismus aufmerksam wurde und mich mehr und mehr mit der überraschend witzigen Literatur auseinandersetzte. Es war immer wieder sehr erfrischend, wie die Angepasstheit der Christen und die Heuchelei und Farblosigkeit der Kirche parodiert wurden. Ich las

Bücher, die mich zum Lachen brachten und mir ein Gefühl von Überlegenheit vermittelten. Nicht etwa durch blutrünstige Rituale oder Verbrechen – was ich selbst zutiefst abgelehnt hätte –, sondern durch geschickte Rhetorik und das Feiern von Frechheiten und Freizügigkeit. Mehr und mehr verstand ich etwas von Manipulation und davon, meine Reize als Frau einzusetzen, um das zu erhalten, was ich wollte. Ich entwickelte mich zur Alltagsstrategin und wurde unerreichbar für meine Familie und letztlich auch für meine Freunde.

Ich begann, immer geheimnisvoller zu werden. Die Lehre des modernen Satanismus ließ sich sehr gut mit dem paaren, was ich in der Schule über philosophische Weisheiten lernte. Rational zu sein, den Verstand einzusetzen, Gefühle unterzuordnen. Ich lehnte die Existenz von Spirituellem gänzlich ab, auch wenn das paradox klingt. Satan war für mich ein Schaubild, Dämonen gehörten zu einer künstlerischen Darstellung. Sie stellten den Dualismus zwischen zwei Gesellschaften zur Schau, die sich gegenseitig auf Trab hielten. Ich hatte das Gefühl, diejenige zu sein, die in der Familie als Einzige einen kühlen Kopf bewahrte und auf das schaute, was wirklich zählte: den Verstand.

Einige Wochen verharrte ich in dieser neuen Lebensphilosophie, während der Abstand zu meinen Eltern immer größer wurde. Zu Hause führte ich mich groß auf. Ich schaute auf meine Eltern herab und bediente mich der intellektuellen Sprache, um sie „abzuhängen". Es kam ein Tag, als meine Mutter es nicht mehr aushielt, wie ich mich verändert hatte. Als ich nicht zu Hause war, ging sie in mein Zimmer und entfernte alles, was in ihren Augen böse und finster war. Sie riss Poster von den Wänden herunter, nahm meine Zeichnungen und Gedichte von den Türen meiner Schränke und entsorgte sie, sie nahm sogar das afrikanisch angehauchte Regenrohr aus meinem Zimmer und schnitt mit einer Säge den Kopf des

Raubtieres ab, der am oberen Ende saß. So sehr war sie von Wut und Angst getrieben.

Als ich nach Hause kam, reagierte ich so nüchtern und kühl, wie ich es mir in den ganzen Wochen zuvor angeeignet hatte. Es sieht meiner Mutter ähnlich, dachte ich, so sehr die Kontrolle zu verlieren. Sie kam mir bemitleidenswert vor, irgendwie bedauerlich. Da ich jedoch mehr und mehr meine künstlerischen Artefakte als vergängliche Abbildungen und Darstellungen sah, fiel der Schmerz über den Verlust meiner Gegenstände nicht sonderlich groß aus. Ich war kaum erschrocken über das Eindringen in meine Privatsphäre, sondern wusste in meinem Inneren, dass dieser Konflikt unvermeidbar war und meine Mutter ihrer wahren, kindlichen Natur zum Opfer gefallen war. Es war für mich eine weitere Bestätigung dafür, dass die Kirche meiner Eltern in Wahrheit machtlos war und ihnen nichts mitgeben konnte, was sie wirklich in ihrem Alltag stärken würde. Sie waren in meinen Augen nichts weiter als Marionetten, die zur Ermunterung und Belustigung Lieder sangen und sich in die Vorstellung einer besseren Welt flüchteten. Meiner Meinung nach waren sie nicht dazu imstande, weise zu agieren, und verfielen stattdessen ihrem kleingeistigen Denken und ihrer eingeschränkten Weltanschauung.

Es machte mich ein wenig wehmütig zu wissen, dass ich als Tochter meine Eltern so sehr durchschauen und berechnen konnte. Dass ich diejenige war, die sich höhere Gedanken machte, die eine konkrete Richtung einschlug. Ich nahm mich als Wegweiserin und als überlegen wahr. Nach der Zerstörung von Gegenständen in meinem Zimmer gestaltete ich mein Zimmer neu. Mein Onkel half mir dabei, Farben für mein Zimmer herauszusuchen, und ich entwickelte ein Konzept. Rote Flammen umkreisten mich, von der oberen Seite der Wände lief ein schwarzer Nachthimmel mit Sternen ins Zimmer hinein. Ich hängte ein Neonlicht auf, bezog mein Bett mit Bettwäsche von

Victoria Francis und hängte eine lustige Fledermaus mit rot leuchtenden Augen an die Decke, die nach Knopfdruck mit lauten maschinellen Geräuschen ihre Flügel in Gang setzte und – an einem Nylonfaden hängend – immer im Kreis flog.

Es war eine gute Lösung, mit der ich mehr als zufrieden war. Es war gut, nicht mehr meine eigene Zerstörungswut vor Augen zu haben und auf zerkratzte Tapeten zu schauen oder auf den unübersehbaren Schriftzug „I hate the woman called my mother. Who is my father?" Das alles sah ich als Ausdruck meiner ungezügelten Verzweiflung, aus der ich mittlerweile herausgewachsen war.

Ich wurde etwas ruhiger und versuchte, mein Leben wieder mehr zu gestalten und meine Noten aufzubessern, damit ich auf dem Gymnasium die zehnte Klasse einigermaßen gut schaffen konnte. Es war mir wichtig, die Türe für den weiteren Weg in eine Ausbildung oder auch auf eine weiterführende Schule nicht gänzlich zu verschließen. Dafür musste ich eine deutliche Schnittverbesserung erreichen. Ich konnte mir nicht vorstellen, für die Oberstufe weiter auf dem Gymnasium zu bleiben. Es kam mir wie ein Gefängnis vor und ich konnte mich nicht ausreichend für die Schule motivieren. So tat ich alles, was nötig war, um die Schulzeit ohne große Nachteile abzuschließen. Ich verbesserte mich in sieben Fächern um eine ganze Note, womit ich einen soliden Notendurchschnitt erreichte.

Bevor ich nach der zehnten Klasse die Schule verließ, fuhr ich immer weniger nach Koblenz. Das lag unter anderem daran, dass an sämtlichen öffentlichen Plätzen Alkoholverbote verhängt worden waren und die Szene völlig zerstreut in der Stadt unterwegs war. Es war nicht mehr so einfach möglich für mich, meinen Freunden dort zu begegnen, und viele zogen Richtung Köln weiter, wo die Punkerszene viel größer war als in Koblenz. Dadurch, dass ich nicht mehr so viel in Koblenz feiern ging, war ich unter der Woche wesentlich ausgeglichener und besser in der Schule. Es hatte einen guten Effekt auf meine Gesundheit und ich sehnte mich nicht mehr so sehr nach der finsteren Musik, den düsteren Filmen, der satanischen Lehre. Meine Mama schaffte es zudem auch, entscheidende satanische Literatur zu entsorgen – da sie sich weiterhin Sorgen darum machte, welche Einflüsse dadurch in mein Leben kamen.

Heute weiß ich, dass es ein Wunder ist, dass ich diese Zeit so verhältnismäßig unbeschadet überstanden habe. Ich weiß auch, dass meine Mama mit vielen anderen gläubigen Frauen für mich gebetet hat in dieser Zeit. Mir blieben viele schmerzhafte Erfahrungen nicht erspart, doch ich weiß, dass ich in mancher Hinsicht Bewahrung erlebt habe. Viele meiner Freunde aus dieser Zeit haben bis heute sehr zu kämpfen. Manche nehmen bis heute Drogen oder versuchen, davon loszukommen. Für viele ist es sehr hart, ein geregeltes Leben zu führen. Auch ich hätte viel tiefer abrutschen können. Auch, was die satanischen Lehren betrifft. Sie hätten noch sehr viel mehr Zerstörung in mein Leben bringen können.

Vor mir lag nun ein Kapitel meines Lebens, das zwar etwas weniger düster war, allerdings konnte ich auch weiterhin noch deutlich spüren, wie die Vergangenheit mich immer wieder einholte.

Abitur mit meiner kleinen Schwester

Wenn ich nun, am Ende der zehnten Klasse, auf meine Zukunft schaute, dann dachte ich oft an die Zeit zurück, die ich als Jugendliche in der Klinik verbracht hatte. Mir gefiel der Gedanke, jungen Menschen in ihren Krisen zu helfen und ihnen einen annehmbaren Weg aus scheinbar unlösbaren Konflikten zu zeigen. Ich wollte ihnen Werkzeuge in die Hände geben, mit denen sie sich auf eigene Beine stellen und sich behaupten konnten. Es war mir ein Herzensanliegen zu zeigen, dass Änderungen möglich waren. Denn ich selbst hatte Änderungen erlebt. So schwer mein Leben auch an manchen Stellen sein mochte, so konnte ich dennoch ein Erfolgserlebnis feststellen: Ich hatte keine Suizidgedanken mehr und nahm am Leben teil. Ich hatte aufgehört, mich hinter Bildschirmen zu verstecken.

Nach der Zeit auf dem Gymnasium konnte ich einen Platz für ein Freiwilliges Soziales Jahr genau in der Klinik bekommen, in der ich wenige Jahre zuvor selbst therapiert worden war. Ich war mittlerweile 17 Jahre alt, als ich in das kleine Wohnheim für Auszubildende, Freiwillige und Zivildienstleistende in der Klinik zog. Der Standort der Klinik war so weit von Koblenz entfernt, dass ich nun überhaupt nicht mehr zum Feiern dorthin gelangte. Ich lernte neue Freunde kennen, die keinen Bezug zu der Musik und dem Lifestyle hatten, die zuvor mein Leben geprägt hatten. Sie nahmen mich dort sehr gut auf und zeigten mir unter anderem, wie ich mich femininer kleiden konnte. Ich begann, laufen zu gehen und verlor sehr viel Gewicht. Neben diesen ganzen Veränderungen war aber dennoch eines gleich geblieben, und das war mein drängender Wunsch, gesehen zu werden – vor allem von dem anderen Geschlecht. So setzte ich mein verwandeltes Äußeres dazu ein, auf Partys mit jungen Männern auszugehen. Statt in Pubs oder auf der Straße zu feiern, ging ich mit meinen neuen Freundinnen in Clubs. Sie nahmen mich häufig in größere Städte wie Mainz, Ludwigshafen oder Mannheim mit. Ich hatte einige flüchtige Liebschaften und One-Night-Stands, doch wie auch zuvor rissen sie immer wieder ein großes Loch in mein Herz und meinen Selbstwert.

Eine meiner damaligen Freundinnen konfrontierte mich schließlich in einem Gespräch damit, dass ich sehr häufig in unserer gemeinsamen Zeit auf mein Handy starrte und dass meine Gesprächsthemen sich fast ausschließlich um Männer drehten. Es sei zu einem solchen Übermaß gekommen, dass sie kaum noch ein normales Gespräch mit mir führen könne und sich bereits aus der Freundschaft zurückgezogen hätte. Sie sagte mir auch, dass es den anderen Freundinnen ebenfalls so ging wie ihr, doch dass sie sich ein Herz fassen wollte, um mit mir darüber zu sprechen.

Dieses Gespräch war so aufrüttelnd für mich, dass ich es aufgab, flüchtiges Glück in unbedeutsamen Liebschaften zu finden. Das gab mir die Kraft, mich auf einen guten Abschluss meines FSJs zu konzentrieren. Die Freundschaft mit meinen Freundinnen konnte ich jedoch trotzdem nicht mehr retten. Sie hatten sich schon von mir abgewandt, bevor ich meine Bereitschaft, mich zu ändern, unter Beweis stellen konnte.

Eine erste verbindlichere Beziehung hatte ich dann mit 18 Jahren. Ich hatte mein Freiwilligenjahr abgeschlossen, meinen Führerschein bestanden und an einem anderen Ort eine Ausbildung zur Gesundheits- und Kinderkrankenpflegerin begonnen. Ich hatte für mich beschlossen, weiter für Kinder und Jugendliche tätig zu sein und im Gesundheitswesen zu arbeiten.

Auch wenn die Ausbildung sehr vielversprechend begann, so war ich mit der Zeit immer mehr herausgefordert durch die Mischung aus einer hohen Erwartungshaltung von Eltern, Ärzten und dem Pflegepersonal. Dazu kam ein großer Verantwortungsdruck, dem ich mir mehr und mehr bewusst wurde. Mir wurden Medikamente für die Kinder anvertraut, deren Wirkungsweise ich nicht gut erfassen konnte. Ich sollte Kinder versorgen, die kurz vor dem Verhungern standen. Ich musste viele Anweisungen sehr schnell verstehen und umsetzen können. Wenn mir Fehler passierten, wurde ich von alteingesessenen Krankenpflegerinnen scharf zurechtgewiesen und teilweise auch verurteilt. Das setzte mich während der Zeit so sehr unter Druck, dass ich an meine Grenzen kam und mir nicht vorstellen konnte, weiter in der Klinik zu arbeiten. Dazu kam, dass mir der ständige Schichtwechsel zu schaffen machte. Es wurde dadurch noch schlimmer, dass meine Zimmernachbarin im Klinikwohnheim häufig in entgegengesetzten Schichten arbeitete. Das hatte zur Folge, dass ich früh am Morgen geweckt wurde, wenn sich meine Zimmernachbarin für den Frühdienst vorbereitete oder sie mich noch lange wachhielt, wenn sie vom Spätdienst zurückkam und ich morgens früh aufstehen musste.

Permanenter Schlafmangel, hoher Verantwortungsdruck auf der Arbeit bei einer schlechten Arbeitsatmosphäre waren meine ständigen Begleiter. Doch auch meine Beziehung verlief unglücklich. Schon nach drei Monaten ging mir mein damaliger Freund fremd. Der Schmerz für mich war so groß, dass es mir nachhaltig das Herz brach. Da mein damaliger Freund im Wohnheim gleich im Zimmer neben mir wohnte, wurde es für mich beinahe unmöglich, es dort auszuhalten. Schließlich war meine innere Not so groß, dass ich Hilfe bei meinen Lehrerinnen in der Pflegeschule suchte. Ich sah keinen Weg mehr, meine Ausbildung weiterführen zu können. Sie sahen damals in mir ein großes Talent und ermutigten mich dazu, mein Abitur nachzuholen, um später weitere berufliche Wege gehen zu können.

Ich machte mir Tausende Gedanken, wie mein Weg weitergehen könnte und wie ich das Abitur nachholen wollte. Letztendlich entschloss ich mich dazu, wieder zu Hause zu wohnen. Das Verhältnis zwischen mir, meinen Eltern und meiner Schwester war inzwischen meistens entspannt. Es gab in der Nähe meiner Familie eine Integrierte Gesamtschule, bei der ich mich bewerben wollte. Von dieser Schule hatte ich bereits viel Gutes gehört. Allerdings war sie deutlich größer und hatte ein strenges Bewerbungsverfahren. Doch ich wurde akzeptiert und freute mich sehr darüber.

Zu meiner großen Überraschung entschied sich meine kleine Schwester auch zu dem Schritt, einen Wechsel zu wagen und auf dieselbe Schule zu gehen. Das freute mich umso mehr. Nun musste ich auswählen, welche Fächer ich als Leistungskurse auswählen würde. Es gab verschiedene Möglichkeiten und die Kombinationen hatten Einfluss darauf, wie voll der Stundenplan insgesamt wurde. Ich hatte großen Respekt vor einem zu vollen Schultag und gab darauf acht, mir einen etwas schlankeren Stundenplan zusammenzustellen. Da ich mich schon immer für Sprachen und Kultur hatte begeistern können, entschied ich mich für eine Kombination aus Deutsch, Englisch und Geschichte.

Es gab einen Tag, an dem ich mit meiner Schwester am Tisch saß und wir uns über die Fächerauswahl austauschten. Es war schon sehr witzig, als sie mir ihre Entscheidungsprozesse erklärte und exakt auf die gleiche Auswahl wie ich gekommen war. Wir lachten noch Tage darüber und erzählten unseren Freunden und Familienmitgliedern, dass wir als Schwestern die gleichen Kurse besuchen würden. Der einzige Unterschied bestand darin, dass meine Schwester sich in Evangelische Religion eingetragen hatte und ich in den Ethikkurs.

Schließlich, als es mit der neuen Schule losging, lernten meine Schwester und ich unser neues Umfeld kennen. Schnell fanden wir heraus, welche unserer Bekannten aus unserem Dorf und dem Nachbardorf die gleiche Schule besuchten, und wir bildeten eine kleine Fahrgemeinschaft. Es war richtig schön, sich ungestört auf der Fahrt über die Erlebnisse in der Schule austauschen zu können. Am Anfang irrten wir noch in den Schulgebäuden umher und waren nicht sicher, auf welchem der vielen Schulhöfe wir unsere Pausen verbringen sollten.

Eine große Überraschung war, als ich meinem Kunstlehrer begegnete, der Bassspieler in meinem Gospelchor war. Ich musste sehr schmunzeln und freute mich auf die Zeit in den Kunststunden, denn ich hatte Kunst immer geliebt und mit dem Lehrer hatte ich auf Konzertfahrten und Auftritten unfassbar viel Quatsch gemacht und zusammen gelacht. Er ging gleich offen mit unserer Bekanntschaft um und sagte mit einem Zwinkern, dass er mich auf keinen Fall bevorzugen würde, eher im Gegenteil. Mit diesem Lehrer würde es mir auch weiterhin gelingen, durch die Kunst mein Inneres zum Ausdruck zu bringen, wie es mir auch früher schon oft geholfen hatte.

Es brauchte ein wenig Zeit, bis ich mit unserem Stammkurslehrer warm wurde. Er wirkte ein wenig distanziert und sein Unterricht war echt trocken. Ich mochte aber, dass er sehr fair mit uns umging und sehr sortiert war. Bei ihm lernten meine Schwester und ich sehr viel und wir schätzten seine verantwortungsbewusste und strukturierte Art. Bei unserem ersten Stammkurstreffen gewann er die Herzen des ganzen Kurses. Er war ausgelassen und fröhlich und feierte mit uns. Er war sich für keinen Witz oder komische Situation zu schade. Ab diesem Zeitpunkt schätzte ich ihn richtig arg.

Jeden Tag, wenn meine Schwester und ich nach Hause kamen, erzählten wir von unseren Erlebnissen. Meine Schwester konnte reden wie ein Wasserfall. Alle ihre Erzählungen begannen mit den Worten „Also guck …" und damit brachte sie uns schon zum Lachen. Ich lernte sie ganz neu kennen. Sie nahm sich selbst nicht allzu ernst und war für Ironie zu begeistern. Unsere Gespräche endeten sehr oft mit einem prustenden Lachen. Diese fröhliche Ausgelassenheit, die wir nun zusammen erleben konnten, tat uns unfassbar gut nach all den Herausforderungen, die in der Vergangenheit auch uns als Schwestern belastet hatten.

Mit unseren Freunden erkundeten wir bald das Nachtleben. Dabei war es nicht so wichtig, ob wir kleine Feste im Dorf feierten und Zeit im Jugendraum verbrachten oder nach Koblenz fuhren und in Clubs feiern gingen. Es kam zu dieser Zeit nicht so häufig vor, dass ich über meine Grenzen hinaus trank. Mir war es wichtig, dass ich mich in der Schule konzentrieren konnte, denn ich brauchte meist eine ganze Woche, um mich von einer durchzechten Nacht richtig zu erholen. Also erklärte ich mich oft dazu bereit, zu fahren.

Eine unserer Freundinnen kam aus einer Bäckerfamilie. Sie lud uns immer wieder zu sich ein und wir feierten mit vielen Freunden gemeinsam in der großen Bäckerhalle. Fast immer fanden wir alle auch einen Schlafplatz dort und bekamen am nächsten Morgen frische Brötchen. Es war sehr schön, dass meine Schwester und ich diese Gemeinschaft zusammen genießen konnten. Manchmal gab es Spannungen, weil ich Schwierigkeiten hatte, pünktlich von zu Hause loszukommen. Meine Schwester, die sehr gewissenhaft und diszipliniert ist, drängte mich immer wieder sehr dazu, mich zu beeilen – was mich noch mehr blockierte und es mir schwerer machte, mich zu sortieren. Doch diese Spannungen konnten nicht dazu führen, dass wir uns ernsthaft stritten oder uns nicht mehr versöhnen konnten.

Nach einiger Zeit kam meine Schwester von einer Mitarbeiterfreizeit einer christlichen Organisation zurück. Dort hatte sie jemanden kennengelernt, den sie ganz interessant fand. Sie begann, sich mit ihrer neuen Bekanntschaft auszutauschen und zu telefonieren. Recht schnell konnten wir meiner Schwester anmerken, dass sie begann, sich zu verlieben. Nach einer Weile verabredete sich meine Schwester mit ihm und sie hatten ein Date. Ich freute mich für sie. Sie war sehr glücklich und wir konnten sie abends in ihrem Zimmer kichern hören, wenn sie am Telefonieren war. Ich sagte schmunzelnd zu ihr, dass ich glücklicherweise viel älter als die anderen aus unserer Stufe war. So kämen viel weniger Jungs für mich infrage und ich könnte mich voll und ganz auf die Schule konzentrieren.

So war es auch. Meine Schwester und ich lernten gemeinsam und hatten beide gute Noten. Wir versuchten, aus allem das Bestmögliche herauszuholen und für uns viel mitzunehmen. Es war uns möglich, in allem, was wir lernten, eine Art Witz oder einen Twist zu erkennen, und wir betrachteten alles mit einer großen Portion Fantasie und einem spielerischen Herangehen. Wenn ich nicht mit meiner Schwester unterwegs war, ging ich viel Laufen und ins Fitnessstudio.

Ganz ohne Dates ging es mir aber trotz meiner jüngeren Mitschüler auch nicht. In einem sozialen Netzwerk wurde mir ein Profil von einem jungen Mann angezeigt, den ich auf Anhieb sehr attraktiv fand. Er hatte gelockte Haare, ein breites, strahlendes Lächeln und eine winzige Lücke zwischen seinen oberen Schneidezähnen. Ohne lange zu zögern, schrieb ich ihn an. Er antwortete mit sehr viel Witz und Feingefühl. Ich mochte seine Nachrichten und begann, regelmäßig mit ihm zu schreiben. Abends nach einem langen Schultag freute ich mich schon, wenn eine Nachricht von Johnny auf mich wartete. Es dauerte etwa zwei oder drei Wochen, bis er mich zu Hause besuchen kam. Wir saßen beim Abendessen und zu meiner

Überraschung wirkte er völlig verschüchtert und wir hatten viele Momente peinlicher Stille.

Ich hatte den Eindruck, dass es der Situation geschuldet war, dass unser Gespräch so verklemmt ausgefallen war, und wollte ihm noch eine Chance geben. So kam es, dass wir uns für einige Zeit kennenlernten. Ich spürte allerdings durchgehend eine gewisse Distanz und hatte das Gefühl, nicht zu Johnny durchzusteigen. Dann kam der Knaller. Ich kam bei einem Treffen von ehemaligen Schulkameradinnen aus dem Gymnasium auf Johnny zu sprechen, als eine Freundin mich völlig verwirrt anschaute. Sie sagte, dass sie sich ebenfalls mit einem jungen Mann namens Johnny traf. Ich lachte und sagte, dass es bestimmt jemand anderes sei. Als sie mir dann Bilder zeigte, wo sie mit ihm auf dem Bett lag und wenig bekleidet entspannte, wurde mir übel. Wir sprachen tatsächlich von derselben Person.

Es dauerte ein paar Tage, in denen ich überlegte, wie ich damit umgehen wollte. Dann rief ich ihn an und knallte ihm all meinen Ärger entgegen. Mit meiner ehemaligen Schulfreundin blieb ich im Gespräch, auch sie distanzierte sich von ihm.

Etwa zwei oder drei Monate später versuchte Johnny wieder Kontakt zu mir aufzunehmen. Er schrieb mir Briefe. Liebesbriefe. Einer seiner Briefe war länger als zehn Seiten. Ich schlug meine Hände vor dem Gesicht zusammen, als ich ihn las. Er war so hartnäckig, dass ich irgendwann nachgab und mich wieder mit ihm traf. In diesem Treffen war er völlig verändert. Er erzählte mir dieses Mal direkt von seinem Herzen und wie es ihm ergangen war in den letzten Jahren. Sein Vater war vor drei Jahren verstorben und eine Beziehung war in die Brüche gegangen, die mehr als sechs Jahre bestanden hatte.

Wir blieben im Gespräch und es dauerte nicht lange, da gewann Johnny mein Herz. Wir waren sehr eng zusammen und dateten uns oft. Von Zeit zu Zeit gingen wir miteinander aus und verbrachten Zeit in Koblenz. Dort in einer Spielekneipe trafen wir auf meinen alten Freund, mit dem ich über längere Zeit eine offene Beziehung gepflegt hatte. Als er mich sah, zog er Johnny zu sich und flüsterte ihm etwas ins Ohr. Er war laut genug, dass ich es noch hören konnte. Er sagte, ich sei wie eine Muschel, die lange weit geöffnet gewesen sei und sich dann verschlossen hätte und dass es nun viel interessanter wäre zu versuchen, diese Muschel zu öffnen. Als ich seine Aussage hörte, schüttelte ich den Kopf. Ich hakte mich bei Johnny ein und sagte ihm, er solle nicht so viel darauf geben, was die „Druffies" ihm vorschwafeln würden. Innerlich hoffte ich, dass ich nicht den Anschein eines leichten Mädchens machen würde. Wir befanden uns in exakt der Kneipe, in der ich Jahre zuvor einen One-Night-Stand gehabt hatte. Doch das sollte mein kleines Geheimnis bleiben.

Johnny lud mich ein, auf ein großes Pfadfindertreffen mitzukommen. Er leitete einen Stamm. Das begeisterte mich sehr, hatte ich doch gute Erfahrungen mit Zeltlagern und Pfadfinderschaft gemacht. Ich mochte es, wie Johnny in seinem Fahrtenhemd und der Stoffhose aussah. Er hatte auch eine witzige, unbeschwerte und clevere Art, mit den Kids umzugehen. Hunderte von Pfadfindern hatten sich in der mittelalterlichen Anlage versammelt und ihre Zelte auf dem Gelände aufgebaut. Es war eine angenehme Atmosphäre, wobei ich bereits spüren konnte, dass Johnny mit seinen Gedanken schon längst beim Abend war, wo wir ausgehen wollten.

Als die Gruppe in den Zelten war und schlief, machten wir uns auf den Weg in den nahe gelegenen Ort, um etwas trinken zu gehen. Es war eine lange Wanderung und Johnnys Freund begleitete uns. Im Ort setzten wir uns in eine Kneipe und tranken eine große Menge Weizenbier. Wir waren nicht ganz sicher auf den Beinen, als wir uns auf den Rückweg begaben. Johnny und ich waren so sehr am Turteln, dass sich Johnnys Freund von uns abkapselte. Johnny grinste mich an und zwinkerte mir zu. Er hatte bereits darauf hingewirkt, dass wir Zeit für uns haben konnten. Wir rollten eng umschlungen eine Wiese herunter und lachten, dass uns die Bäuche wehtaten. An einer Burgruine angekommen, suchten wir einen Ort, an dem wir ungestört sein konnten, und begannen, wagemutig über Mauern zu klettern und einen Unterschlupf zu suchen. So kamen wir in einen verfallenen Gang, der völlig dunkel war. Von der Dunkelheit umgeben, begannen wir, miteinander intim zu werden. Es war sehr gefährlich. Johnny stolperte und fiel in ein Loch im Boden, schrie auf vor Schmerz und hatte Sorge, sich das Bein gebrochen zu haben. Ich nahm ihn nicht so ernst, lachte und küsste ihn weiter.

Es ging alles gut und wir landeten sicher in unserem Zelt, beide glücklich und völlig betrunken und berauscht von dem Erlebnis, der jungen Liebe und dem Abenteuer. Am nächsten Morgen standen wir auf und tranken einen warmen Kakao zusammen. Johnny scherzte mit seiner Gruppe. Er schien über Nacht zwei Meter in die Höhe gewachsen zu sein. Seine Haltung war voller Stolz. Die Kids ahnten bereits, dass sich etwas in der Nacht ereignet hatte. Ich freute mich schon auf Momente, in denen ich wieder Zeit mit Johnny allein hatte.

Wir trafen uns auch nach dem Zeltlager oft und telefonierten häufig. Ich war begeistert, weil er auch ein guter Zuhörer war. Am liebsten hätte ich jede Minute mit ihm verbracht. Bei all meinen Freunden wurde er zum Thema Nummer eins.

Ich spürte, dass ich mit ihm eine Person hatte, bei der ich mich richtig fallen lassen konnte. Er berührte durch seine sanftmütige Art etwas in meiner Seele, sodass meine Beziehung mit ihm der Auslöser für etwas war, das mich danach noch lange begleitete: Es kamen Schmerzen aus der Vergangenheit an die Oberfläche und immer häufiger brach ich in Tränen aus. Ich erzählte ihm Stück für Stück, welche verletzenden Momente ich in der Vergangenheit erlebt hatte und dass ich sehr unter Ablehnung gelitten hatte. Meine Vermutung war, dass die Dinge langsam begannen, aufzubrechen und zu heilen. Doch Johnny war von diesen Gefühlsausbrüchen völlig überfordert. Sie kamen in unpassenden Momenten und waren völlig unkontrolliert. Er begann, sich etwas in sich zurückzuziehen, und wirkte einige Zeit lang sehr nachdenklich auf mich. Ich spürte, dass etwas nicht stimmte. Trotzdem setzte ich alles daran, unsere Beziehung weiter aufrechtzuerhalten. Von Tag zu Tag hörte er auf, Initiative zu ergreifen. Mehr und mehr war ich diejenige, die nach ihm fragte. Mehr und mehr war ich es, die ihn anrief oder ihn besuchen kam.

Dann kam der Moment, in dem Johnny bereit war zu sprechen. Er druckste etwas vor sich hin und erklärte mir dann, dass er begonnen hatte, daran zu zweifeln, dass ich die richtige Person an seiner Seite wäre, „um gemeinsam die Welt zu erkunden". Ich war völlig geschockt, diese Worte von ihm zu hören. Zwar hatte ich gespürt, dass sich Johnny zurückgezogen hatte – jedoch war meine Hoffnung so groß und meine Sehnsucht so stark gewesen, dass ich ein so abruptes Beziehungsende für unmöglich gehalten hatte. Mein Herz war gebrochen und ich zog mich zurück.

In den Wochen nach unserer doch so kurzen Beziehung stellte ich mir viele Fragen über das Beziehungsleben. Ich wunderte mich über mich selbst, dass ich so bitter hatte weinen müssen, obwohl ich glücklich gewesen war und keinen Auslöser für meine Trauer erkennen konnte. Dann fragte ich mich, was mit mir los war, dass meine Beziehungen alle nur von kurzer Dauer waren. Ich schien nicht dazu imstande zu sein, eine Beziehung aufrechtzuerhalten, die ein Jahr oder länger andauerte. Ich schämte mich dafür, dass meine tiefe emotionale Not, die hochgespült wurde, der Auslöser gewesen war, dass mein

Freund mich verlassen hatte, und fühlte mich damit unzulänglich.

Auf meiner Suche nach Antworten dachte ich an vergangene Zeiten, in denen ich verliebt gewesen war. Mir fiel auf, dass ich nie so eine starke Liebe empfunden hatte wie damals in Koblenz bei Benny. Ich fragte mich, was wohl aus ihm geworden war.

So grübelte ich darüber, wie ich in Erfahrung bringen konnte, wo sich Benny gerade aufhielt. Ich suchte nach seinem Namen in den sozialen Netzwerken. Erleichtert stellte ich fest, dass ich mich an seinen vollen Namen erinnern konnte, und es war mir möglich, ihn zu finden. Ein wenig verlegen schickte ich ihm eine Nachricht und fragte ihn, wie es ihm jetzt gehe. Nach wenigen Tagen erhielt ich eine Antwort. Benny hatte den Absprung aus der Szene und aus seiner Drogensucht geschafft. Er sagte, dass er noch am Abend nach unserer letzten Begegnung zu seinen Eltern zurückgegangen war und mit deren Hilfe einen Platz in einer Suchtklinik hatte bekommen können. Dort war er einige Zeit in Therapie gewesen. Er sei nicht mehr rückfällig gewesen seit dem Tag und habe eine Ausbildung begonnen und eine Freundin kennengelernt, mit der er nun seit einigen Jahren zusammen war.

Obwohl ich sehr auf der Suche nach einem Partner war und etwas in mir sich gewünscht hätte, dass Benny möglicherweise nach all den Jahren noch ein gewisses Interesse an mir haben könnte, freute ich mich gewaltig für ihn. Er hatte geschafft, was wohl vielen Menschen verwehrt geblieben war, und konnte sich aus der Sucht befreien. Stolz erzählte ich ihm, was mein Weg gewesen war, nachdem ich aus Koblenz fortgegangen war. Er freute sich auch für mich. Das gab mir Hoffnung und Kraft für die nachfolgende Zeit. Die brauchte ich auch, denn es kam häufiger vor, dass ich starke emotionale Ausbrüche hatte. Ich konnte kaum einen emotionalen Film schauen, ohne dass ich in Tränen ausbrach. Teilweise brauchte es keinen Auslöser und ich saß in meinem Zimmer und begann zu weinen. Das war sehr erschöpfend und verwirrend für mich.

Einen Schlüsselmoment erlebte ich dann, als ich mit meinem Papa und dem Gospelchor auf eine Chorfahrt fuhr. Wir waren auf dem Gospelkirchentag in Dortmund eingeladen. Auch wenn ich nicht an Jesus glauben konnte, so spürte ich, wie die Lieder, die wir sangen, Energie freisetzten und mir halfen, mich auszudrücken. Ich liebte es, im Chor zu singen. Wir hatten immer eine gute Zeit und lachten sehr viel zusammen. Der Chor war für mich ein ganz vertrauter Ort, wo aller Alltagsstress abfiel und ganz klein wurde. Auf die Chorfahrt hatte ich mich daher schon sehr gefreut. Ich erwartete eine ausgelassene und fröhliche Zeit und freute mich darauf, all die Gesichter zu sehen. Menschen, die ich seit früher Jugend kannte und schätzte.

An einem der Tage gingen wir gemeinsam zu einer großen Halle, wo wir gemeinsam mit etwa 6.000 anderen Sängerinnen und Sängern Lieder für den Abschlussgottesdienst einübten. Ich war völlig überwältigt. Die Lieder zu singen mit so vielen Menschen war so kraftvoll und stark. Noch nie war ich in einer so großen Veranstaltungshalle gewesen. Die Tribünen ragten hoch über unsere Köpfe hinweg und Reihe über Reihe zog sich hoch bis hin zur Decke. Das alles war kaum greifbar für mich.

Am Sonntag gingen wir gemeinsam zu dem großen Abschlussgottesdienst, von dem ich wieder völlig überwältigt war. Etwa 10.000 Menschen besuchten den Gottesdienst und kamen weit hergereist, um dabei sein zu können. Als das erste Lied begann, fing ich an zu schluchzen. Mein Herz war tief berührt, auch wenn ich mir überhaupt nicht erklären konnte, warum. Ich lief hinüber zu meinem Papa, der mit mir angereist war. Tränenüberströmt bat ich ihn, sich mit mir an den Rand zu setzen.

Ich wollte nicht, dass mich die vielen Menschen so sahen. Ich fühlte mich furchtbar zerbrechlich und elendig. An einem ruhigeren Platz angekommen, konnte ich mich nicht mehr halten. Ich weinte und schluchzte und konnte mich einfach nicht beruhigen. Tränen über Tränen liefen mir über die Wangen. Mein Papa reichte mir ein Taschentuch nach dem anderen. Bis zum Ende des Gottesdienstes weinte ich wie ein Baby und war völlig aufgelöst. Am liebsten wäre ich direkt nach Hause gefahren, aber es war nicht möglich. Wir mussten zur Gruppe zurück. Ich schämte mich und wollte nicht, dass die anderen sich Sorgen machen würden.

Die anderen aus unserem Chor waren aber ganz fürsorglich mit mir. Eine der Sängerinnen kam auf mich zu und fragte mich, ob es mir häufiger so ging, dass ich so schlimm weinen musste. Ich nickte und sagte ihr, dass ich mir das nicht erklären könne. Ich konnte keinen Auslöser dafür identifizieren. In meinem Alltag, mit meiner Familie, in der Schule war alles in Ordnung. Sie sagte, dass sie ein Buch kenne, das mir helfen könnte. Ich schaute sie ein wenig unsicher an und sagte, dass es mir leidtue, aber dass ich gerade nicht offen für christliche Literatur sei. Sie nickte und sagte, dass jeder dieses Buch lesen könne und es nicht auf dem christlichen Glauben basiere. Sie hatte es bei der nächsten Chorprobe dabei und drückte es mir in die Hand.

Es ging in dem Buch darum, wie sehr wir im Alltag Mechanismen einüben würden, die uns von unserem inneren Empfinden und von unseren inneren Schmerzen ablenken würden. Es erklärte, dass schmerzvolle Erfahrungen, die wir in unserem Leben erlebt hätten, sich in irgendeiner Form immer in unserer Seele und unserem Körper speichern würden, auch, wenn wir sie vergessen wollten oder wenn die Zeit verging. Narben, denen man sich nicht zuwandte, verheilten nicht einfach über die Zeit. Das zu lesen, war neu für mich, aber es war eine gute

Erklärung dafür, dass ich, nachdem ich schwere Zeiten durchlitten hatte, nun in bestimmten Momenten die Auswirkungen davon spürte. Das Buch gab nicht nur logische Erklärungen, sondern auch ganz praktische Übungen, mit denen man sich auf sein Inneres konzentrieren konnte.

Ich begann, regelmäßig zu meditieren, und spürte in meinen Körper hinein. So lernte ich, gezielt Schmerzen in meiner Seele wahrzunehmen, sie zuzulassen und sie zu lösen. Ich tankte richtig auf, indem ich mich auf Momente konzentrierte, in denen ich sehr dankbar war. Mir ging es körperlich immer besser. Ich spürte, dass eine Art Heilungsprozess in mir angebrochen war. Zuvor hatte ich häufig Schwierigkeiten gehabt, beim Essen das richtige Maß zu finden. Immer wieder hatte ich regelrechte Fressattacken und aß über jedes gesunde Maß hinaus. Während der Zeit, in der ich meditierte, verloren diese Heißhungerattacken ihre ganze Kraft. Ich nahm wahr, woher sie kamen, und konnte in den richtigen Momenten für mich sorgen.

Zusätzlich lernte ich, tiefe Herzenswünsche in meinem Inneren zu entdecken, was mir bei meiner beruflichen Orientierung unfassbar half. Ich hatte das Gefühl, an gute Orte zu kommen und wirklich erfüllte Momente im Alltag zu haben. Hin und wieder gab es Konfliktsituationen in meiner Familie und mit meiner Mama. Sie hatte ein tiefes Misstrauen gegenüber Meditationen und hieß es nicht für gut, welchen Weg ich ging. Trotzdem wollte ich ihr helfen, weil ich spürte, wie ängstlich, besorgt und verkopft sie war. Ich hatte Hoffnung, dass sie an meinem Wesen und Alltag bemerken könnte, wie sehr ich mich zum Positiven hin entwickelte. Doch ihre Sicht auf mich schien wie blockiert zu sein. Sie machte sich weiter Sorgen, sah vieles negativ. Auch hier lag noch viel Ballast aus der Vergangenheit auf unserer Beziehung.

In den Auseinandersetzungen mit ihr spürte ich, wie sich ein dicker Kloß in meinem Hals bildete. Da ich gelernt hatte, mit meinen Gefühlen besser zu haushalten, ging ich in solchen Momenten in mein Zimmer und fühlte in meinem Inneren nach, was genau die Ursache für diesen Kloß war. Ich konnte mich an einen innerlich sicheren und guten Ort begeben und spürte, wie sich der Kloß innerhalb weniger Minuten komplett löste und mir heilsame Tränen die Wange herunterliefen. Nach einiger Zeit kam ich dann freudestrahlend zurück zu meiner Mama und erklärte ihr, was ich erlebt hatte. Es gab einige solcher Momente und ich spürte, wie ich mehr und mehr in den Frieden mit meiner Mama kam und den Gedanken loslassen konnte, für sie sorgen zu müssen.

In der Schule konnte ich mich gut konzentrieren, spürte allerdings auch meine Grenzen. Es fiel mir inzwischen deutlich leichter zu spüren, wann ich Pausen einlegen musste. Was meinen Berufswunsch anging, so wurde ich mir mehr und mehr bewusst, dass ich gerne meine pädagogischen Fähigkeiten mit meinem Interesse am Gesundheitswesen verbinden wollte. Ich fand an der Pädagogischen Hochschule in Freiburg den Studiengang „Gesundheitspädagogik", mit dem ich mich vollkommen identifizieren konnte. Für die Schule war es gut, ein Ziel zu haben, auf das ich nun hinarbeiten konnte. Gleichzeitig war ich dadurch auch unter einem starken Leistungsdruck, da mein Notendurchschnitt auf keinen Fall schlechter als 1,8 werden durfte, um einen Platz in diesem Studiengang ergattern zu können.

In meinen Freundschaften war ich zu dieser Zeit ausgeglichen und hatte nicht mehr das große Verlangen, unbedingt jemanden kennenlernen zu müssen. Ich konnte sehr gut den Moment genießen und hatte nicht mehr den Drang, etwas forcieren zu müssen. So kam es, dass ich ein paar sehr schöne Momente mit Nathanael, einem gemeinsamen Freund meiner Schwester und mir, genießen konnte. Wir waren zusammen auf einer Campingfreizeit an der Mosel, die eine Sportlehrerin unserer Schule organisiert hatte. Die Zeit dort verbachten wir sehr spielerisch und fröhlich. Es gab Augenblicke, in denen ich spürte, dass ich mich zu Nathanael hingezogen fühlte. Das brachte ich jedoch nicht zum Ausdruck, da er selbst in einer Beziehung war. Es gab immer wieder Momente, in denen wir uns unterhielten, und ich genoss sie so sehr, dass ich ganze Tage und Nächte mit Nathanael hätte weiterreden können. Manchmal konnte ich es mir nicht verkneifen, ihn sehr lange anzuschauen. Ein wunderschöner Mensch! Und ich fühlte mich neben ihm echt verlegen. Irgendwie konnte ich spüren, dass er mich mochte und meine Nähe auch genießen konnte, doch er blieb reserviert und war für mich gefühlt unerreichbar.

Es gab einen Moment, in dem er mir etwas anvertraute, was mich sehr berührte. Er erzählte mir damals, wie sehr er sich in seine Beziehung investiere. Er berichtete, dass er jedes Wochenende zu seiner Freundin fuhr und es ihm kaum möglich war, seine anderen Freundschaften zu pflegen. Er machte ihr Überraschungen und Geschenke und hatte nie das Gefühl, dass es genug sei. Seine Freundin sei fordernd und schnell enttäuscht, das machte ihn traurig. Doch weil er sie liebte, wollte er nicht aufgeben und für sie da sein. Als ich das hörte, brach es mir das Herz. Ich dachte: „Wow, eine Frau kann sich glücklich schätzen, wenn sie ihn an ihrer Seite hat. Er ist sicher nicht nur ein toller Freund, sondern auch jemand, der mal ein großartiger Ehemann wird. Schade, dass seine Freundin das nicht sehen kann." Doch ganz gleich wie sehr ich Nathanael schätzte, hatte ich immer das Gefühl, nicht „in seiner Liga zu spielen". Seine aufrichtige Haltung führte mir vor Augen, wie sehr ich in Beziehungen bisher gescheitert war. Und wie sehr ich mir einen Freund wie ihn wünschte. Nathanael bemerkte, dass ich Gefühle für ihn entwickelt hatte, und zog sich aus unserer Freundschaft zurück. Für mehrere Wochen sprach er kein Wort mehr mit mir. Es war schmerzhaft für mich, doch ich konnte ihn schließlich innerlich loslassen.

Es dauerte ein paar Monate, dann bahnte sich etwas Neues bei mir an. Im Fitnessstudio hatte ich in einem Sportlehrer, Silas, einen sehr guten Gesprächspartner gefunden und ihn gefragt, ob er mit mir gemeinsam trainieren wolle. Er war einverstanden und wir trafen uns ein paar Mal, um gemeinsam joggen zu gehen. Je näher die Abschlussprüfungen kamen, desto mehr machte ich mir Sorgen, dass ich nicht die unfassbar großen Mengen an Unterrichtsstoff, die wir durchgenommen hatten, überschauen könnte. Ich entwickelte Ängste und war blockiert. Als ich mich wieder mit Silas traf, um zu trainieren, erzählte ich ihm unter Tränen, wie sehr ich mich überfordert fühlte. Er war zutiefst berührt und versuchte, mir beizustehen.

Er lud mich zu sich ein und wir schauten uns gemeinsam alles an, was ich lernen musste. Er half mir, mich zu strukturieren, und stand mir bei. Obwohl er etwa elf Jahre älter war als ich, fühlte ich mich zu ihm hingezogen. Es gab durchaus noch einen inneren Konflikt in mir wegen Nathanael. Die Begegnungen mit ihm hatten mich auf eine besondere Art und Weise geprägt. Es war, als hätte ich ein deutlicheres Bild davon bekommen, was ich mir in einer Beziehung wünschte. Doch nachdem er sich so stark von mir distanziert hatte und mir deutliche Signale gegeben hatte, dass zwischen uns nichts entstehen würde, war für mich klar: Ich wollte nicht mein restliches Leben auf ihn warten und musste seine Entscheidung respektieren.

So kam es dazu, dass ich von einer Urlaubsreise in Südfrankreich zurückkam und Silas meine Bilder zeigte. Unsere Hände berührten sich und wir schauten uns tief in die Augen. Da wusste ich, dass wir nicht nur gute Freunde bleiben würden. Wir gingen noch am gleichen Tag eine Beziehung miteinander ein.

Mein Freund half mir, mich auf meine Ziele zu konzentrieren. Ich lernte sehr viel von ihm und fühlte mich sehr wohl in seiner Gesellschaft. Seine Wohnung war ein guter Ort, an dem ich mich konzentrieren konnte, und in der nahen Umgebung gab es eine wunderschöne Strecke zum Joggengehen und Fahrradfahren. Also packte ich meine Sachen ein und wohnte für einige Zeit bei ihm. Wir hatten ein sehr harmonisches Miteinander und ich konnte spüren, wie Silas sich für mich begeisterte. Ich konnte ihm mit meinen Kenntnissen über Meditation eine Bereicherung sein.

Meine Tage waren mit Sport und Lernzeiten gefüllt. Meine Freunde sah ich nicht besonders oft. Sie waren alle sehr entspannt, was meine Beziehung mit einem Sportlehrer anging, und wussten davon. Er war ein starker Beistand für mich und ich fühlte mich für meine Prüfungen gut vorbereitet. Schließlich standen die Abiturprüfungen vor der Tür und ich konnte sie sehr gut bewältigen. Eine große Last fiel von mir ab und ich freute mich sehr auf die kommende Zeit.

Einige Monate zuvor hatte ich darüber meditiert, was ich zwischen meinem Abitur und dem Studium machen wollte. Es zog mich in die Ferne, ich hätte mir nicht vorstellen können, vor Ort zu bleiben. In meinen Meditationen hatte ich immer wieder Meer und Strand gesehen und mich an die schönen Zeiten erinnert, die ich als Kind mit meiner Familie am Meer verbracht hatte. Durch einen Tipp wurde ich auf ein Gästehaus auf einer schönen Nordseeinsel aufmerksam. Der Leiter dieses Hauses schickte mir nach einem Austausch am Telefon gleich einen Vertrag als Servicekraft zu. Nun war ich sehr gespannt auf ein halbes Jahr voller Sonne, Strand und Meer auf einer schönen Nordseeinsel. Diese Zeit sollte zu einem großen Wendepunkt in meinem Leben werden.

Teil II

Kleine Insel, große Freiheit

Wie ist es, wenn man seine sieben Sachen packt und sich auf den Weg macht, die Familie verlässt, um dorthin zurückzukehren, wo man seine ganze Kindheit schon immer am liebsten gewesen ist? Für mich war es einfach großartig und mit Worten kaum zu beschreiben. Es war wie ein Ruf, den ich hörte und dem ich folgte. Ich wusste mit jeder Faser meines Seins, dass ich auf dem richtigen Weg war. Der erste Geruch der Seeluft drang mir in die Nase, als ich die Fähre betrat. In dem Moment fühlte sich mein Gepäck nicht mehr schwer an und alles, was ich zuvor erlebt hatte, wurde unbedeutsam klein. Ich stieg an Deck der gewaltig großen Fähre, wo Möwen ihre Kreise zogen und laut kreischten. Es war mir kaum vorstellbar, dass ich auf dem Weg zu einer neuen Arbeitsstelle war. Alles fühlte sich nach Urlaub an. Auf dem Weg zur Insel bewunderte ich die Wellen, die die Fähre hinter sich im Wasser entstehen ließ, und mit welcher Kraft das Wasser aufgewühlt wurde. Dann sah ich zum ersten Mal die Insel, auf der ich die kommende Zeit verbringen würde. Ein schöner, großer, rot-weißer Leuchtturm ragte am Strand empor und kam immer näher.

Es dauerte eine Weile, bis ich mich orientieren konnte und den Weg zum Gästehaus fand. Dort angekommen, zeigte mir ein Rezeptionist den Gästebereich und mein Zimmer. Als wir die Tür mit der Zimmernummer 5 öffneten, drang helles Licht durch die drei großen Fenster. Ich ging nach vorne, um einen

Blick hindurchzuwerfen, als ich vor Freude bebte. Ich konnte durch mein Fenster das Meer und den Strand sehen! Und es war ganz nah, nur wenige Meter von dem Gästehaus entfernt! Ich stieß einen lauten Freudenruf aus und als mir die weiteren Zimmer gezeigt wurden, zitterte ich vor Freude und Aufregung.

Der Leiter des Gästehauses hieß mich sehr freundlich willkommen und besprach den Wochenablauf mit mir. Wir würden morgens um 7:30 Uhr in der Küche beginnen und dann gemeinsam frühstücken. Anschließend gäbe es Servicearbeiten in den Gästezimmern zu tun. Am Nachmittag hatte ich etwa vier Stunden Freizeit bis zur letzten Schicht Spüldienst in der Küche. Es gab sechs Arbeitstage in der Woche und einen freien Tag. Der Rhythmus gefiel mir, damit konnte ich gut haushalten. Ich lernte Stück für Stück das Team kennen und wurde in den Service eingeführt. Ich freute mich, dass ich eine feste Routine in der Reinigung bekommen würde. So konnte ich eigene Unsicherheiten überwinden. Zu Hause hatte ich immer das Gefühl gehabt, dass das Zimmer eher schmutziger als sauberer wurde, wenn ich anfing, den Putzlappen zu schwingen. Nun stand ich morgens in der Spülküche mit den FSJlerinnen zusammen, mit denen ich lachte und Lieder sang. Während der Reinigungsarbeiten begleitete mich ein Ohrwurm von Pippi Langstrumpf und ich pfiff durch die Flure.

Es wurden viele Späße während der Arbeit gemacht. In freien Momenten fuhren wir mit einem kleinen Transporter in ein Nachbardorf, um gemeinsam Kuchen zu essen. An den Wochenenden waren die Gäste häufig nicht vor Ort, dann hörten wir laut Rammstein auf den Fluren und rasten durch die Räume, um in Hochgeschwindigkeit alles auf Vordermann zu bringen. Ich erkundete den langen Strandabschnitt, der sich vom Gästehaus bis weit ans Meer erstreckte. Es gab Stellen, wie direkt am Gästehaus, an denen man einen direkten Zugang zum Meer hatte. Doch an manchen Stellen wurde der Strand so breit, dass man je nach Gezeiten vier Kilometer bis zum Wasser laufen musste. Dort war weit und breit nichts anderes zu sehen als Sand, der in verschiedene Formationen geweht worden war. Das löste einen tiefen Respekt in mir aus und gab mir das Gefühl, durch eine Wüste zu wandern. Dann wanderte ich über Bohlenwege an Heidekraut vorbei und kam zu kleinen Wäldchen und Gewässern, auf dem sich Enten und Gänse tummelten.

Die Insel war voller Gegensätze, voller Leben und gleichzeitig voller Ruhe. Es kamen erste Wochenenden, an denen ich mit den Freiwilligen aus dem Gästehaus in die Inselkneipe zum Biertrinken ging. Dann folgten Abende in der Disco, wo wir tanzten und viele andere Menschen dieser Insel trafen und kennenlernten. Über diese Begegnungen lernte ich die jungen Menschen aus der Schutzstation Wattenmeer kennen, die „Schutten". Sie wurden in der Zeit für mich wie eine kleine Familie und ich fühlte mich ihnen sehr verbunden. Es war eine Gruppe von etwa fünf Personen, die alle im Namen des Tierschutzes ein Freiwilliges Ökologisches Jahr auf der Insel absolvierten.

Sie hatten eine kleine Wohnung über dem Badeland auf der Insel, wo ich sie immer wieder besuchte. Dort kochten und aßen wir zusammen und sie erzählten Geschichten von Robben, Vögeln und dem Leben im Watt. Sie brachten mir bei, wie ich die verschiedenen Möwenarten auseinanderhalten konnte und welche Vogelarten von besonderer Bedeutung waren. Wenn es im Gästehaus zu viele Reste an Essen gab, schmuggelte ich die Reste heimlich in großen Eimern zu den Schutten und machte mir mit ihnen eine schöne Zeit. Gemeinsam fuhren wir auf klapprigen Fahrrädern über die Insel und erkundeten mystische Orte, wie etwa eine Hütte, die ein Künstler aus angeschwemmten Schiffsteilen gebaut hatte. Man musste sich auf der Insel gut auskennen, um sie zu finden. Dann nahmen wir unsere Schlafsäcke mit und übernachteten am Strand unter dem Sternenhimmel.

Außerdem erfuhr ich beiläufig, dass die Personalleiterin des Gästehauses regelmäßig Volleyball spielte. Ich schloss mich an und lernte dabei weitere wundervolle Menschen kennen. Einer der Spieler lieferte Brot aus und begegnete mir häufig beim Radfahren. Ich freute mich immer, wenn ich ihn sah, und winkte ihm nach. Die Insel vermittelte mir eine sehr große Freiheit, die ich lange vermisst hatte.

Immer wieder nahm ich online Kontakt zu meinem Freund in der Heimat auf und spürte, dass mich unsere Gespräche langweilten. Immer häufiger hatte ich das Gefühl, dass ich ihm nichts mehr zu sagen hatte. Ich empfand unser Zusammensein als einengend und eintönig. Ich war erleichtert, dass er nicht mit mir hier war. Wieso war ich überhaupt eine Beziehung mit ihm eingegangen? Er war elf Jahre älter als ich! Hatte ich eine solche Sehnsucht nach einem älteren Freund gehabt? Ich konnte nicht mehr nachempfinden, was mir an der Beziehung Freude bereitet hatte. Jetzt, wo ich jeden Tag die Weite und Freiheit der Insel genoss und mit meinen Freunden davon träumte, wie unsere Zukunft aussehen könnte, wirkte die Beziehung eher wie ein Gefängnis für mich.

Silas indes war sehr verliebt in mich. Er kam mich auf der Insel besuchen und blieb vier Tage. In den vier Tagen wurde für mich klar, dass ich die Beziehung beenden musste. Er sprach immer und immer wieder davon, wie furchtbar alt er sich fühlte, wie er schon Schmerzen in seinen Gliedern hatte, wie anstrengend er seinen Alltag fand. Es war zu viel für mich, ich fühlte mich davon völlig erdrückt. Am vierten Tag fasste ich Mut und zog einen Schlussstrich. Er verstand die Welt nicht mehr. Hatte ich doch vorher immer fröhlich gewirkt und nie gezeigt, dass ich mich mit etwas nicht wohlgefühlt hatte. Er rang nach Worten und nach Luft. Dann verabschiedete er sich gebeutelt von mir und verließ die Insel.

Ich wurde ebenfalls traurig. Es tat mir furchtbar leid, dass ich ihn verletzt hatte. Es war schwer für mich, ihn ziehen zu lassen. Ich fühlte mich verantwortlich und hatte einen innerlichen Drang, es wiedergutzumachen. Ich fragte mich, wie ich ihm schreiben und ihn aufmuntern könnte, doch ich wusste, es würde mir nicht gelingen.

Auf der Insel dauerte es nicht lange, bis ich weitere Bekanntschaften machte. Trotz allem spürte ich einige Wochen später eine Leere in mir, die wie ein starker Sog meine Kraft raubte. Umgeben von der schönsten Insel meiner Träume, dem lustigsten und liebsten Team, das man sich vorstellen konnte, begann ich, sehr tief zu leiden.

Ich wendete mich meinen Meditationsbüchern zu und suchte nach Antworten. Immer tiefer arbeitete ich mich in Literatur ein und verschlang taoistisch angehauchte philosophische Texte und esoterische Bücher. Ich übte innere Sätze ein, mit denen ich meine Konditionierung aufbrechen wollte. Je mehr ich innerlich Schmerzen empfand, desto anstrengender wurde mir die Arbeit und desto verbissener versuchte ich, meinen Fokus auf die Meditation zu legen. Es kamen einige Tage, an denen ich nicht mehr rausging. Die Nachmittage waren mir öde und ich hatte keine Lust auf irgendetwas. Das Meer kam mir wild und ungestüm vor, der Strand war grausam lang und öde.

Dann machte ich eine merkwürdige Entdeckung. Es gab einen Arbeitskollegen, dessen Anwesenheit mich sehr nervös werden ließ. Ab und zu machte er ein paar nette Sprüche und Bemerkungen. Er sprach mich mit „junge Dame" an und schien sichtlich von mir entzückt zu sein. Wenn wir gemeinsam im Dienst waren, wurde ich verlegen. Ich hörte ihm gern zu, er konnte sehr tiefgründige Gespräche führen. Dann gab es wieder Momente, in denen er lachte und scherzte und das ganze

Team unterhielt. Ich fand ihn unglaublich attraktiv. Er hatte einen leichten Akzent, war breit gebaut, bärtig und sehr stark. Ich fragte mich, ob er wohl spüren konnte, welchen Einfluss er auf mich hatte – und erschauderte bei dem Gedanken.

Es war nicht, dass er auf irgendeine Art und Weise bedrohlich auf mich wirkte, doch ich fürchtete mich zutiefst vor meiner eigenen Zuneigung zu ihm. Denn ich wusste doch, dass er eine Familie hatte. Er hatte einen Sohn und eine kleine Tochter und eine bildschöne Frau. Seine Familie wohnte nicht weit entfernt von dem Gästehaus. Ich mochte seine Frau, mit ihr hatte ich mich schon oft unterhalten. Ihr gegenüber fühlte ich mich sehr elendig und miserabel. Doch je mehr Zeit ich mit meinem Kollegen zusammenarbeitete, desto stärker wurde in mir der Drang danach, ihm näherzukommen. Ich klammerte mich noch an meine gelernten Geistesübungen, doch meine Gefühle überwältigten mich. Ich war verlegen, begeistert, beschämt – alles gleichzeitig.

Die Tage kamen und gingen und mein Kollege schien zu prüfen, wie ich auf ihn reagierte. An einem Tag stellte er sich in der Spülküche hinter mich und hauchte mir auf den Nacken. Sogleich bekam ich Gänsehaut am ganzen Körper. Ich wurde rot, wich aus und sagte leise: „Hey!" In meinem Inneren fühlte ich mich wie ein zwölfjähriges Mädchen, das völlig unbeholfen war. In meinem Kopf entstanden Fantasien, wie er mich heimlich erobern würde. Den ganzen Tag war ich damit beschäftigt. Dann gab ich dem inneren Drängen nach und schrieb meine Handynummer auf einen kleinen Zettel, den ich nach der Arbeit in seinen aufgehängten Overall steckte. Die darauffolgenden Tage schaute ich immer wieder auf mein Handy, ob ich eine Nachricht von ihm erhalten hätte, doch da kam nichts.

In der nächsten Woche nahm ich meinen Mut zusammen und zeigte ihm, dass in seiner Tasche der Arbeitskleidung etwas von mir verborgen lag. Ich versuchte, cool zu klingen, doch innerlich kochte ich wie ein Vulkan. Meine größte Angst war, dass jemand mitbekommen könnte, wie ich mit ihm sprach. Doch niemand schien unser Gespräch gehört zu haben. Dann kam sie, die erste Nachricht von ihm. Er fragte gleich, ob wir uns treffen könnten. Ich war sehr aufgeregt und fragte ihn, was er denn vorhabe. Er schrieb, dass er mich gern massieren würde. In dem Moment brannten bei mir alle Sicherungen durch. Ich kochte über und verlor völlig die Kontrolle. Meine Fantasien gewannen Oberhand. Ständig machte ich mir Gedanken darüber, wo ich ihn heimlich treffen könnte. Wenn er im Raum war, stolperte ich ständig. Mir fielen immer wieder Gegenstände aus der Hand, Teller rutschten ab. Ich verfluchte mich selbst.

Tausend Fragen und Selbstvorwürfe kreisten in meinem Kopf. Wie konnte es sein, dass ich meinen treuen und aufrichtigen Freund Silas abgewiesen hatte und nun in einer solchen Situation gelandet war? Hatte ich denn völlig die Kontrolle verloren? Was war los mit mir, dass ich so überwältigt war von dem Drang, mit diesem Mann eine Affäre einzugehen? Wie könnte ich das jemals seiner Frau erklären? War ich gerade dabei, eine Familie zu zerstören? Was sollten die Kolleginnen und Kollegen in meinem Team dazu sagen? Würde man mich herauswerfen? Ich schaute auf mein Handy und immer wieder kamen Nachrichten. Dann packte es mich und ich schrieb ihm zurück. Meine Worte wurden immer frecher und provokanter. Ich war wie ein kleines Äffchen, das übermütig einen Tanz um einen Löwen tanzte.

Schließlich kam der Tag, an dem ich beinahe die bitteren Früchte meiner Verirrung gekostet hätte. Ich hatte meine Sachen gepackt, um zum Volleyball zu gehen. Da hörte ich, wie jemand durch den Flur ging und vor meiner Zimmertür stehen blieb. Ich bewegte mich nicht mehr und horchte, was geschehen würde. Dann klopfte es an meiner Tür. Ich zögerte. Was sollte ich tun? Ich wusste, wer dort auf mich wartete. „Hallo?", fragte ich von innen. Keine Antwort. Dann ging alles sehr schnell. Ich hielt die Luft an, öffnete und sagte, dass ich keine Zeit hätte. Dann schaute ich für einen flüchtigen Augenblick in die Augen meines Arbeitskollegen. Sie wirkten unruhig und finster. „Tut mir leid, ich muss los", sagte ich und schob mich an ihm vorbei. Ich ging erst langsam, dann immer schneller. Ich holte schnell mein Fahrrad aus dem Schuppen und dann schoss ich los wie ein geölter Blitz.

Beim Volleyballspielen wurde ich wieder ein wenig klarer. Meine Gedanken ordneten sich. Das muss aufhören, dachte ich. Am Abend kehrte ich zurück und schrieb meinem Kollegen. „Es tut mir leid. Wir sind zu weit gegangen, ich bin zu weit gegangen. Ich will das alles nicht. Ich möchte deine Familie nicht kaputtmachen." Er antwortete, dass alles in Ordnung sei. Das beruhigte mich. Was mich jedoch nach wie vor nicht losließ, war, dass ich so getrieben gewesen war. Die Fragen über mein eigenes Leben und mein Versagen machten mir zu schaffen. Auf der Arbeit war ich langsam und unkonzentriert. Ich versuchte, meinem Kollegen aus dem Weg zu gehen.

Nachmittags, als ich in einem meiner esoterischen Bücher las, stieß ich dann auf einen Satz, den ich zuvor schon einmal irgendwo gehört hatte. Es ging darin um Jesus, der sagt, dass er der Weg, die Wahrheit und das Leben ist und dass niemand zum Vater kommt als allein durch ihn. Der Autor des Buches hatte diesen Satz zitiert, um ihn zu widerlegen und seine Weltanschauung darzulegen, doch das kümmerte mich nicht besonders. Die Worte von Jesus waren plötzlich lebendig vor meinen Augen. Es war, wie wenn die Buchstaben anfingen, auf mich zuzufliegen. Etwas in mir war tief berührt von dieser Botschaft.

Jesus ist der Weg, die Wahrheit und das Leben. Was bedeutet das? Ich nahm diesen Satz mit und bewegte die Worte in meinem Herzen. Dann lag ich abends in meinem Bett und fing an zu sprechen. „Jesus, wenn du da bist, dann zeig dich bitte. Ich weiß nicht, was ich dir sagen soll, weil ich völlig versagt habe. Das ist nicht besonders schön, ich weiß das. Aber vielleicht kann ich ja trotzdem mit dir über alles sprechen?" Keine Reaktion. Ich nahm nichts wahr und dachte mir, dass meine schlechten Gedanken und Taten Gott unheimlich weit weg von mir gebracht hätten. Trotzdem kam ein Durst in mir auf und ich fragte meine Mama, ob sie mir eine Bibel schicken könnte. Zwei Tage später war das Buch bei mir und ich begann, die prophetischen Bücher zu lesen. Ich hatte als Kind immer wieder viele Geschichten und Bücher aus der Bibel kennengelernt, aber die prophetischen Bücher waren in unserer Familie und auch in den Gottesdiensten, die ich besucht hatte, nie ein großes Thema gewesen. Deshalb war ich darauf neugierig. In diesen Büchern ist niedergeschrieben, wie Menschen von Gottes Geist geleitet Visionen von der Zukunft bekommen haben. Gott hat immer wieder Propheten ausgewählt, um durch sie zu den Menschen zu sprechen und ihnen Weisheit für ihre Entscheidungen zu geben. Ich staunte über die Autorität der Propheten und über die Wunder, die sie taten.

Es war so unfassbar, wie sie von Gott sprachen in all seiner Macht und Majestät. Dass er heilig und gerecht war. So, wie es in diesen Büchern beschrieben wurde, hatte ich es noch nie wahrgenommen und erlebt. Dann stieß ich auf eine Passage, die mir den Atem raubte. Es ging dabei um die Stadt Jerusalem, die als Frau personifiziert wurde. Mir wurde ganz flau im Magen: „Bei deiner Geburt war es so: Als du geboren wurdest, hat man deine Nabelschnur nicht abgeschnitten; auch hat man dich nicht mit Wasser gebadet, damit du sauber würdest, dich nicht mit Salz abgerieben und nicht in Windeln gewickelt. Denn niemand sah mitleidig auf dich und erbarmte sich, dass er etwas von all dem an dir getan hätte, sondern du wurdest aufs Feld geworfen. So verachtet war dein Leben, als du geboren wurdest. Ich aber ging an dir vorüber und sah dich in deinem Blut strampeln und sprach zu dir, als du so in deinem Blut dalagst: Du sollst leben! Ja, zu dir sprach ich, als du so in deinem Blut dalagst: Du sollst leben und heranwachsen; wie ein Gewächs auf dem Felde machte ich dich" (Hesekiel 16,4-7).

Als ich diese Worte las, begann ich bitterlich zu schluchzen. Tränen liefen über mein Gesicht. Alles in mir bebte, so tief berührten und erschütterten mich diese Worte. In diesem Moment war mir so sehr deutlich, wie verachtet ich mich fühlte und gefühlt hatte. Wie schmerzvoll mein Leben war, voller Suche nach Annahme, und doch erntete ich ständig Ablehnung. Ich spürte die ganze Hilflosigkeit und Einsamkeit, die auf meinem Leben lag. Und wie kraftvoll Gottes Wort zu mir sprach: „Du sollst leben!" Es war so tief und so berührend. Immer wieder wiederholte ich es in meinem Kopf: „Du sollst leben!" Dann las ich das Kapitel weiter. Dabei hatte ich das Gefühl, dass die ganze Zeit von mir die Rede war. Gott sprach darüber, wie er seine Stadt Jerusalem aufzog und sie schön und prächtig machte. Ich musste daran denken, wie ich in der fünften und sechsten Klasse plötzlich so fit und gesund wurde und zu Kräften gekommen war. Wie meine Noten immer besser geworden waren und ich in meiner Klasse neidvolle Blicke geerntet hatte. Wie die Lehrerinnen und Lehrer über mich sprachen und mich lobten. „Und dein Ruhm erscholl unter den Völkern deiner Schönheit wegen, die vollkommen war durch den Schmuck, den ich dir angelegt hatte, spricht Gott der HERR" (Hesekiel 16,14).

Doch dann gibt es eine Wendung. Jerusalem verlässt sich auf seine Schönheit und fängt an, sich „jedem anzubieten, der vorüberging, und war ihnen zu Willen". Alles, was Gott Jerusalem geschenkt hatte, den Schmuck, die Kleider, die kostbaren Öle, missbrauchte Jerusalem, um damit Männer zu betören. Ich las diesen Satz und fühlte mich zutiefst ertappt und betroffen. Was hatte ich getan? War all das, was ich an Schönheit an mir hatte, so sehr zu einem Werkzeug eines falschen Liebesspiels geworden? Ich erinnerte mich daran, wie ich beim Feiern im Club mein herrlichstes Strahlen aufgesetzt und Männer angeflirtet hatte. Mir wurde schlecht.

Deutlicher als jemals zuvor las ich, wie wütend Gott war. Und wie wichtig es ihm war, gerecht zu sein. Eine der ersten Sachen, die aufgezählt wurden, war, dass jemand gerecht ist, der nicht fremdgeht und bei seinem eigenen Partner oder seiner Partnerin bleibt (Hesekiel 18,6). Diesen Satz zu lesen, machte mir deutlich, wie sehr ich Gottes Willen verfehlt haben musste. Doch dann stach mir ein weiterer Satz ins Auge: „Meinst du, dass ich Gefallen habe am Tod des Gottlosen, spricht Gott der HERR, und nicht vielmehr daran, dass er sich bekehrt von seinen Wegen und am Leben bleibt?" (Hesekiel 18,23). Damit meint er mich! Er will mich nicht auf ewig verdammen, er will bloß, dass ich zu ihm umkehre! „Werft von euch alle eure Übertretungen, die ihr begangen habt, und macht euch ein neues Herz und einen neuen Geist. Denn warum wollt ihr sterben, ihr vom Haus Israel? Denn ich habe keinen Gefallen am Tod des Sterbenden, spricht Gott der HERR. Darum bekehrt euch, so werdet ihr leben" (Hesekiel 18,31-32).

In diesen Sätzen las ich meinen Fluch und meine Erlösung. Ich spürte, dass mein ganzer Körper bebte bei diesen Worten. War es denn möglich, dass ich frei werden könnte von der ganzen Last, die auf mir lag? Und war es möglich, dass Gott mich annehmen könnte, bei all dem Versagen? Dann kam mein Blick zurück auf Verse des vorherigen Kapitels: „Denn so spricht Gott der HERR: Ich will dir tun, wie du getan hast, als du den Eid verachtet und den Bund gebrochen hast. Ich will aber gedenken an meinen Bund, den ich mit dir geschlossen habe zur Zeit deiner Jugend, und will mit dir einen ewigen Bund aufrichten.

[…] Und ich will meinen Bund mit dir aufrichten, sodass du erfahren sollst, dass ich der HERR bin, damit du daran denkst und dich schämst und vor Scham deinen Mund nicht mehr aufzutun wagst, wenn ich dir alles vergeben werde, was du getan hast, spricht Gott der HERR" (Hesekiel 16, 59-63).

Diese Worte drangen tief in mein Herz. Alles in mir wurde aufgewirbelt. Ich fühlte mich elendig und gleichzeitig hatte ich von der wohl größten Hoffnung gelesen, die mir begegnen könnte: Gott will, dass ich lebe. Er will, dass ich von meinen verfluchten Wegen umdrehe zu ihm, und er ist dazu bereit, mir alles zu vergeben. Ich war so tief gepackt, dass ich einen Moment abwartete, in dem keine Gäste im Haus waren, um mich bei meinen Reinigungsdurchgängen in einem der Gästebadezimmer auf meine Knie fallen zu lassen und laut nach Jesus zu rufen: „JESUS!!! Hör mich an! Ich bitte dich um Vergebung für all diese furchtbare Schuld! Ich möchte zu dir umkehren! Ich möchte, dass du jetzt die Kontrolle über mein Leben übernimmst, denn ich habe völlig versagt! Bitte vergib mir!" Dann brach ich weinend zusammen und kauerte mich auf den Boden. Plötzlich sah ich vor meinen Augen, wie ganz viele Lichter um mich herumtanzten. Es wurde hell und angenehm um mich. Mein Körper zitterte unaufhörlich. Dann spürte ich, wie etwas von mir abgezogen wurde. Ich schloss meine Augen, um besser wahrnehmen zu können, was geschah. Da konnte ich erkennen, dass etwas wie ein schmutziger Lumpen von mir weggenommen wurde. Gleich darauf kamen zwei kleine leuchtende Gestalten, die mir schöne weiße Kleidung anlegten. Und dann überkam mich ein tiefer Friede. 1.000 Kilo Last fielen von mir ab. Ich konnte durchatmen.

In den Wochen nach diesem Ereignis konnte ich mehr und mehr im Gebet mit Jesus sprechen. Immer mehr nahm ich wahr, wie seine Gegenwart in meinem Zimmer spürbar wurde. Ich fühlte mich nicht mehr allein. Auch wenn ich immer wieder

Erschütterungen im Alltag erlebte, war Jesus da. Ich ging mit ihm spazieren über die kilometerweiten Strände und wanderte im Inneren wie durch eine Wüste mit ihm.

Eine erste Folge davon war, dass ich die Sache mit meinem Arbeitskollegen ins Reine bringen wollte. Ich nahm mir ein Herz und sprach ihn an. Wir setzten uns zusammen und ich schenkte ihm eine Kette mit einer kleinen Feder. Dann sagte ich ihm, dass ich ihn um Vergebung bitten und ihm vergeben wollte. Er lächelte. „Es ist alles in Ordnung, Eva", sagte er. Das beruhigte und freute mich sehr.

Wenige Tage später erfuhr ich, dass er das Gästehaus verlassen und sich eine neue Stelle gesucht hatte. Ich war traurig darüber und doch freute ich mich. Er hatte wohl auch den Entschluss gefasst, grundlegend aufzuräumen und seine Familie und Ehe zu bewahren. Dass er ging, war für mich eine Möglichkeit, mich wieder auf andere Dinge zu konzentrieren. Ich las weiter jeden Tag meine Bibel, entdeckte, wie Gott war, und staunte über ihn. Zusätzlich bewegte ich in meinem Herzen, wie es für mich nach der Insel weitergehen könnte. Die Zeit neigte sich langsam dem Ende zu.

Sorgfältig traf ich alle Vorkehrungen für mein bevorstehendes Studium. Ich hatte mir mehrere Hochschulen ausgesucht, an denen ich mich bewarb. Einige davon waren in Baden-Württemberg. Allerdings wurde der Studiengang, für den ich mich am meisten interessierte, ausschließlich in Freiburg angeboten. Freiburg hörte sich richtig gut an, ich hatte gehört, dass es die Stadt mit den meisten Sonnenstunden pro Jahr in ganz Deutschland sein sollte. Beim Bearbeiten der Bewerbung gab ich mir besonders viel Mühe. Ich war ein wenig aufgeregt, weil diese Bewerbung mir sehr viel bedeutete. Schon während der Zeit in der Oberstufe hatte ich ja darauf hingearbeitet, den erforderlichen Notendurchschnitt erreichen zu können. Es machte mich stolz, wie weit ich gekommen war. Meine Nachmittage und freie

Zeit waren nun ausschließlich damit erfüllt, Telefonate mit meinen Eltern und Behörden zu führen, Briefe zu verschicken und mich mit Ämtern und Formularen herumzuschlagen. Nachdem ich meine Unterlagen an die fünf Hochschulen geschickt hatte, war ich unglaublich erleichtert. Meine Eltern hatten mich mit allen Kräften unterstützt, waren teilweise an die Hochschulen gefahren, um mich mit meiner Vollmacht persönlich anzumelden. Eine großartige Hilfe! Ich hatte es geschafft, alle Fristen einzuhalten, und war nun voller Vorfreude. Doch eine große Enttäuschung wartete bereits auf mich.

Versorgungswunder

Nachdem ich die Bewerbungen verschickt hatte, vergingen einige Tage. Was dann folgte, traf mich unerwartet: Auf unerklärliche Weise entstand in mir eine Unruhe und der Gedanke, ich könnte anderen Studierenden Studienplätze wegnehmen, indem ich mich an mehreren Unis gleichzeitig beworben hatte. Ich hatte regelrecht ein schlechtes Gewissen, das mir unruhige Nächte bescherte. Außerdem dachte ich, es sei ein Zeichen mangelnden Vertrauens Gott gegenüber. Also zog ich meine Bewerbungen an den Hochschulen zurück. Lediglich meine Bewerbung an die Hochschule in Freiburg ließ ich weiterlaufen. Da mich schon so lang der Wunsch bewegte, an dieser Hochschule zu studieren, ging ich davon aus, dass es Gottes Absicht für mich sein müsste. So dachte ich auch, dass er bestimmt treu sei, mir diesen Wunsch zu erfüllen.

Diese Hoffnung behielt ich vor Augen, während ich durch den Arbeitsalltag ging. Trotzdem war ich nicht richtig bei der Sache, fiel öfter aus. Meine Kollegen waren nicht begeistert, sie sprachen hinter meinem Rücken über mich. Ich war gekränkt, wollte mir aber nichts anmerken lassen.

Es ging mir auch gesundheitlich immer schlechter. Ich hatte mit schweren Reaktionen auf Nahrungsmittel zu kämpfen, wusste aber nicht so recht, was die Auslöser waren. Es kam sehr oft vor, dass ich etwas aß, das ich nicht vertrug, und danach völlig erschöpft war. Wenn ich ein Stück Kuchen aß, fiel ich danach regelrecht in einen komatösen Schlaf. Ich hatte kaum noch Kraft, laufen zu gehen. Selbst kleine Strecken, die ich spazieren ging, forderten mir meine ganze Kraft ab. Ich versuchte, meine Reinigungsroutinen zu vereinfachen, wenn es irgendwie ging. Mit aller Not versuchte ich mich, so gut es irgendwie ging, zu entlasten. Das war fast nicht möglich. Der Betrieb im Gästehaus war groß, wir wurden alle gebraucht.

Ich war fertig. Teilweise schnaufte ich schon, wenn ich nur eine einzige Treppe hinaufging. Zu allem kam, dass es keine gute Teamdynamik mehr gab. Die neuen Freiwilligen waren auf ihre eigene Arbeit fokussiert und nicht besonders gesellig. Ich vermisste den fröhlichen Austausch mit den Vorgängerinnen. Wir hatten sehr viel miteinander gelacht. Nun war nicht mehr viel Platz zum Plaudern. Stattdessen wuchs die Unzufriedenheit bei meinen Kollegen mehr und mehr. Ich konnte es spüren, fühlte mich hilflos deswegen. Gedanken in meinem Kopf kämpften gegen mich an. Ich fühlte mich als Versagerin.

Eine Kollegin fühlte sich von mir ungerecht behandelt. Sie fasste meine Arbeitsweise als faul auf und beschwerte sich lauthals bei mir. Ich sollte mich nicht vor der Arbeit drücken, schließlich bekämen wir alle das gleiche Geld. Das versetzte mir einen riesigen Schlag. Der Druck, den ich spürte, war unvorstellbar groß. Ich fühlte mich missverstanden und fehlplatziert. Warum fiel es den anderen nur so viel leichter als mir zu arbeiten? War ich etwa undiszipliniert? Fehlte mir die nötige Kraft, richtig arbeiten zu können? Ich machte mir Sorgen um meine Zukunft. Würde ich eine Arbeitsstelle finden, der ich gerecht werden konnte?

Nur noch ein paar Wochen, dachte ich, dann habe ich es sowieso geschafft. Dann kann es völlig egal sein, was die anderen über mich denken. Es war mir kaum möglich, mich wirklich auf die Arbeit zu konzentrieren. Ständig war ich in Gedanken schon bei der Hochschule, ging alles durch, woran ich denken musste. Die Wohnungsfrage war noch nicht geklärt. Ich wusste, dass ich in Freiburg möglicherweise ein halbes Jahr suchen müsste, bis ich etwas fände. Dennoch wollte ich abwarten, bis ich meine Zusage hatte, bevor ich mich auf die Suche machte.

Ich erlebte trotz dieser Umstände noch einige wunderbare Momente auf der Insel in meiner Freizeit, die mir halfen, wieder etwas unbeschwerter durch den Alltag zu gehen. Ein Ausritt am Wasser auf Pferden, eine witzige Begegnung mit Gästen in der Inselkneipe, schöne Momente am Strand und am Volleyballplatz. Die Gäste im Haus mochten mich, sie sprachen und lachten gern mit mir. Doch inmitten der schönen Erlebnisse in der Freizeit und der Anstrengung der Arbeit wurde ich langsam mehr und mehr unruhig, weil ich aus Freiburg keine Rückmeldung erhalten hatte. Ich wollte allerdings noch die Zeit bis zum Ende der Frist abwarten, im Vertrauen, dass alles seinen rechten Weg gehen würde.

Nachdem der Tag kam, an dem die Bewerbungsfrist an der Hochschule ablief und ich noch immer keine Rückmeldung erhalten hatte, hatte ich zum ersten Mal ein ungutes Gefühl. Ich versuchte die Hochschule in Freiburg telefonisch zu erreichen. Eine unfreundliche Dame nahm den Hörer ab. Sie gab mir sehr deutlich zu verstehen, dass ich gerade ihre kostbare Zeit vergeudete. Ich fragte sie, ob alles mit meiner Bewerbung funktioniert hatte. Nachdem sie eine Weile gesucht hatte, sagte sie in einem Tonfall, bei dem mir richtig übel wurde: „Na, wer noch nicht Mal in der Lage ist, seine Bewerbung richtig abzugeben, der braucht sich auch nicht zu wundern, wenn er keine Rückmeldung bekommt!" Ich verstand nicht. Das musste ein Missverständnis sein! Ich hatte mir so viel Mühe gegeben, alles richtig auszufüllen ... Völlig irritiert fragte ich zurück, was denn nicht stimme. Ich ging im Kopf den 10-seitigen Mailanhang durch, den ich beantwortet hatte, und den 13-seitigen Bewerbungsbogen, den ich ausgefüllt hatte. „Das ist doch offensichtlich, hier fehlt ja eine ganze Seite!", schnauzte die Frau am Telefon mich an. Schockstarre. Ich konnte kaum weiterreden. Ich ging zu meinen Unterlagen, schaute mir die Bögen der Hochschule an. Was hatte ich übersehen? Und dann fiel es mir auf, eine der Rückseiten musste ich tatsächlich aus Versehen ausgelassen haben. Ich konnte es kaum fassen, ich hatte tatsächlich meine Chance vertan, an meiner Wunschhochschule zu studieren. Beschämt und enttäuscht warf ich mich auf mein Bett.

Da stand ich nun, gebeutelt durch all die Prozesse, durch die ich gegangen war. Körperlich geschwächt und nicht bei Kräften. Völlig enttäuscht, dass mir der Traum meines Lieblingsstudiums verwehrt bleiben sollte. Völlig entsetzt über meine eigene Entschlossenheit, die anderen Studienplätze abzusagen. Ich war richtig sauer auf mich selbst. Es dauerte einige Zeit, bis ich mich wieder fassen konnte. Ich musste meine Eltern informieren.

„Papa, ich habe den Platz nicht bekommen. Jetzt ist die Frist abgelaufen, auch bei allen anderen Hochschulen. Es tut mir leid. Ihr habt mir so geholfen. Ich weiß überhaupt nicht, was ich noch machen soll." Meine größte Sorge war, nach der starken Zeit auf der Insel zurück in meine Heimat gehen zu müssen, ohne andere Möglichkeiten zu haben. Ich sah mich schon vor meinem geistigen Auge bei McDonald's arbeiten, dem wohl einzigen Arbeitgeber für mich nahe meinem Heimatdorf. Mir war schlecht. Doch dann kam etwas, womit ich nicht gerechnet habe. Anstatt hoffnungslos, sauer oder enttäuscht zu sein, machte mein Papa einen einfachen Vorschlag: „Eva, versuch es doch einfach nochmal in Fulda! Ich war da und, Mensch, was war ich begeistert von dem tollen Campus dort! Und die Leute, mit denen ich da gesprochen habe, waren alle sowas von freundlich!"

Ich war völlig fassungslos. Dann sauer. Konnte mich denn mein Vater überhaupt nicht verstehen? Wusste er denn nicht, was das gerade für mich bedeutete? Wie schmerzlich der Verlust für mich war? Und wie hoffnungslos und unsinnig sein Vorschlag in meinen Ohren klang? „Papa! Nach Fulda wollte ich eigentlich überhaupt nicht! Die hatten einen Lehrplan, mit dem ich inhaltlich rein gar nichts anfangen konnte. Und da nützt es auch gar nichts, dass der Campus schön ist und die Leute freundlich sind. Verstehst du denn nicht? Außerdem ist auch dort die Frist schon abgelaufen – du willst dich doch nicht umsonst auf den weiten Weg machen?!" Doch mein Papa blieb dabei. Er bestand darauf, mir zu helfen und es dort für mich zu versuchen. Nach einer Weile gab ich nach – ich hatte schließlich keine bessere Lösung.

Dass das Vorhaben meines Vaters so gut gelingen könnte, hätte ich beim besten Willen nicht vermutet. Er fuhr hin, führte ein paar Gespräche und rief mich abends an. „Es klappt, du kannst dort anfangen zu studieren! Sie haben deine Anmeldung noch angenommen!" Was sollte ich dazu noch sagen? Mein Papa mit seiner einfachen, unkomplizierten Art und seinem übergroßen Herzen. Der einfach nur den Campus schön und die Leute nett fand. Der keine Idee vom Studieren hatte. Geht einfach dorthin, redet mit den Leuten und prompt habe ich einen Studienplatz für das Fach Gesundheitsförderung. Das soll mal einer nachmachen.

Wenn auch etwas verunsichert über die Entscheidung, nun nach Fulda zu gehen, konnte ich mich wieder ein wenig freuen.

Meine Zeit auf der Insel ging nun fast zu Ende. Ich versuchte, mich noch nach einer Wohnung in Fulda umzuschauen, was jedoch sehr schwierig war. Die meisten Vermieter setzten voraus, mich persönlich kennenlernen zu können, und das konnte ich ihnen aufgrund der großen Entfernung von der Insel aus kaum ermöglichen. Einmal war ich so weit mit Vermietern im Austausch, dass sie mir einen Vertrag zuschicken wollten. Als ich einen Tag später nachfragte, antworteten sie mir, dass sie den

Platz in der WG nun doch anderweitig vergeben wollten. Das war sehr frustrierend.

Ich hatte kaum Zeit, mich richtig zu verabschieden. Für meine Kolleginnen bereitete ich noch etwas Besonderes zu essen zu. Wir hatten noch höfliche, aber nicht besonders herzliche Gespräche. Mich erstaunte, dass mir die Kollegin, mit der ich Startschwierigkeiten gehabt hatte, nun am meisten ans Herz gewachsen war. Die Leiter des Gästehauses verabschiedeten sich sehr wohlwollend von mir. Ich war sehr dankbar für sie und all ihre Unterstützung. In der Fähre auf der Fahrt auf das Festland wurde ich sehr wehmütig. Kleine Insel, große Freiheit. Hoffentlich sehen wir uns wieder.

Zu Hause angekommen, setzte ich alles daran, eine passende Wohnung zu finden. Es war noch immer nicht leicht. Mir fehlten Möglichkeiten, vor Ort Besichtigungen durchzuführen. Aber schließlich gelang es mir, zwei Besichtigungen für das Wochenende zu vereinbaren, wenn ich das Auto meiner Mutter bekommen konnte. Die Zeit war sehr knapp. Es blieben nur noch zwei Wochen bis zum Beginn des Semesters. Ich war sehr besorgt und setzte mich selbst stark unter Druck.

Auf dem Weg nach Fulda hörte ich eine CD von Danny Plett an. In einem seiner Lieder stellt er immer wieder die Frage: Wenn Jesus nicht unser Fels ist, wer sollte es sonst sein? Ich kannte Danny, weil er immer wieder Lieder mit unserem Gospelchor eingeübt hatte. Danny sang immer wieder von dem Gott, der Wunder vollbringt. Ich hörte es mir an, wieder und wieder. In seinen Liedern ging es auch darum, dass Gott uns nie aufgibt, dass wir bei ihm Leben haben und er uns immer sein Bestes gibt. Tränen rannen meine Wangen herunter, als ich mitsang, so laut ich konnte, dass Gott mein Zufluchtsort ist, meine Festung und meine starke Burg. Dass er allein mir Sicherheit gibt und ihm nichts auf dieser Welt widerstehen kann. In meinem Herzen fuhr der ganze Gospelchor mit nach Fulda.

Gespannt ging ich, in Fulda angekommen, mit einer Maklerin in die erste Wohnung. Sie befand sich im obersten Stockwerk eines Reihenhauses. Mitten in der Stadt, wo sehr viele Autos fuhren. Die Wohnung war grau in grau gehalten. Der Anblick erschreckte mich. Der Boden war wellig, es sah alles sehr lieblos und vernachlässigt aus. Jemand huschte in der Wohnung kurz an mir vorbei. Reagierte erst, als ich grüßte. Das Zimmer, das frei war, war sehr klein und hatte eine Dachschräge. Das einzige Fenster in dem Zimmer ging zur Straße raus und man konnte den Straßenlärm hören. Es gab nichts in dem Zimmer außer einer Lampe an der Decke, an der von drei Glühbirnen zwei defekt waren. Die Maklerin ließ mich in der Wohnung allein. Ich wollte mich später bei ihr melden, hatte ich ihr gesagt. Insgeheim hatte ich gehofft, die Mitbewohner einmal sprechen zu können.

Einer der Mitbewohner ließ sich tatsächlich auf ein kurzes Gespräch ein. Er hatte nicht viel Zeit, das sagte er mir gleich zu Beginn. Er versuchte nicht einmal, mir das Zimmer auch nur im Geringsten schmackhaft zu machen. Der Lärm, den man gerade durch das Fenster hörte, wäre noch sehr viel lauter, wenn erstmal die gegenüberliegende Grundschule offen wäre. Am Morgen höre man die Kinder schon sehr laut auf der Straße. Ich fragte ihn, ob es gemeinsame Aktivitäten in der WG gäbe. Ob die Mitbewohner ihre Freizeit ab und zu gemeinsam verbrächten. Er schaute mich fragend an. Nach einiger Zeit der Überlegung sagte er: „Nein, das machen wir hier nicht. Aber wenn du irgendwelche Hobbys hast, kannst du ja vielleicht mal ins Kino gehen oder sowas."

Er ließ mich sprachlos zurück. Ich bahnte mir den Weg an dem verraucht riechenden Gemeinschaftsraum – falls man es so nennen konnte – vorbei zur Küche. Dort fand ich die einzige weibliche Mitbewohnerin. Ich fragte sie, ob sie manchmal mit ihren Mitbewohnern esse. „Ach nein, das klappt nicht. Wir haben hier alle unterschiedliche Zeiten und sehen uns nicht wirklich. Außerdem habe ich selbst so viele Unverträglichkeiten und Allergien. Das, was ich hier esse, das würden die Jungs nicht mögen. Die schieben sich auch maximal eine Pizza in den Ofen, ansonsten kochen sie nichts. Ich habe aber auch Besseres zu tun, als mich damit zu beschäftigen. Ich mache meinen Master in Public Health, da hat man sowieso keine Freizeit. Ich bin ja schon froh, wenn ich in der Woche mal eine halbe Stunde Zeit zum Durchatmen habe." Meine Kinnlade klappte herunter. Oh nein, dachte ich. Das hört sich gar nicht gut an! Vor allem sprach sie gerade von dem Master, den ich an mein Bachelorstudium anschließen könnte. Sollte der wirklich so schwer sein?

Ich fühlte in mir ein kaltes Grauen aufsteigen. Schnell musste ich diese Wohnung verlassen. Der Ort war in meinen Augen grausam und schrecklich. Hier wohnen? Ein schlimmer Gedanke für mich. Noch dazu war das kleine Zimmer mit mehr als 400 Euro im Monat sehr teuer für meine Verhältnisse. Aber was, wenn es meine einzige Chance sein sollte? Musste ich nicht alles daransetzen, mir diese Wohnung zu sichern? Zitternd vor Aufregung rief ich die Maklerin an. Ich fragte sie, wann sie eine Rückmeldung von mir bräuchte. Erst am Vormittag des Folgetages, beruhigte sie mich. Das stimmte mich zuversichtlich, schließlich hatte ich noch am gleichen Tag eine weitere Besichtigung. Ich fuhr zu der Adresse der nächsten Wohnung und stellte das Auto ab. Als ich die Türe öffnete, hörte ich Kinder auf der Straße lachen und die Glocken einer Kirche läuten. Es gab viele schöne Vorgärten und eine wenig befahrene Straße. Die Häuser waren Familienhäuser und dazwischen gab es viel Grünfläche. Beim Spazierengehen kamen mir zwei Frauen mit einem Hund entgegen. Sie sprachen mich gleich an: „Hallo, na, wer bist du denn? Wir haben dich hier noch nicht gesehen, bist du neu hier?" Ich war total berührt und erzählte ihnen von meinem Vorhaben, die Wohnung zu besichtigen. Und dass ich gerne in Fulda mein Studium beginnen würde. Sie wünschten mir ganz viel Glück bei der Wohnungssuche und ermutigten mich, in diese Wohngegend zu kommen. Sie würden sich sehr freuen, mich vielleicht wiederzusehen. Ich war so verblüfft und verwundert über diese Begegnung, dass ich das Gefühl hatte, ich wäre Engeln begegnet.

In dem Haus, das ich besichtigte, kam mir eine kleine freundliche Frau entgegen, die mich durch runde Brillengläser anschaute. Sie erzählte mir, dass sie die Vermieterin sei und in der Kellerwohnung wohne. Ihre Töchter seien vor Kurzem alle ausgezogen und hätten ihre nun leerstehenden Zimmer im Erdgeschoss. Oben im Dachgeschoss sei das Appartement, das zur Verfügung stehe. Wir gingen hoch und begrüßten den Mieter, der zu der Zeit noch dort wohnte. Die Wohnung war im skandinavischen Stil eingerichtet und sehr hell. Sie hatte große Dachfenster und innen eine weiße Holzverkleidung. Eine weiße Säule stützte die Decke. Ein kleines Badezimmer war gleich an das Zimmer angeschlossen und es gab eine gemütliche kleine Kochnische. Aus den Fenstern konnte man eine Gebirgskette in der Ferne sehen. „Das ist die Rhön", sagte die Vermieterin.

Ich war sofort in das Appartement verliebt. Ich fühlte mich direkt zu Hause. Egal was passiert, ich wusste in diesem Moment, hier werde ich einziehen. Die Vermieterin schaute mich ein bisschen verlegen an und sagte mir, dass das Appartement leider erst im November bezugsfertig sein würde. Sie wusste, dass die Kurse im Studium bereits im Oktober starteten. Ich konnte ihr trotzdem gleich meine Zusage geben. „Ich weiß jetzt noch nicht, welche Möglichkeiten ich zur Überbrückung haben werde, aber ich vertraue darauf, dass es eine Möglichkeit gibt. Diese Wohnung gefällt mir so gut, ich möchte hier gerne einziehen." Sie reagierte ein wenig überrascht. Eine Studentin hier in diesem Wohngebiet? Sie sagte mir, dass die Busverbindungen nicht so gut seien und dass das studentische Leben eher im Stadtzentrum stadtfinden würde, nicht in Petersberg. Das brachte mich zum Lachen. Ich versicherte ihr, dass ich ein richtiges Dorfkind sei und dass mich das Stadtleben nicht besonders reizen würde. Sie bat mich, in der kommenden Woche noch einmal zu kommen, um den Vertrag zu unterzeichnen, den sie erst aufsetzen müsse.

Voller Vorfreude auf die Wohnung setzte ich mich ins Auto und fuhr singend zu der Gaststätte, in der ich übernachten würde. Dort saß am Abend – wie könnte es auch anders sein – ein Chor zu Tisch und aß Abendbrot. Ich linste öfter rüber, wollte aber nicht unhöflich sein und in die vertraute Runde hineinplatzen. Die Sänger bemerkten mich jedoch und luden mich zu ihrem Tisch ein. Wir wurden sehr schnell warm miteinander und teilten unsere Chorerfahrungen. Ich lachte den ganzen Abend mit ihnen und hörte mir erste Anekdoten aus der Region an. An dem Abend fiel ich erleichtert ins Bett. Ich hatte das starke Gefühl, von Gott gesegnet worden zu sein.

In der Woche darauf machten mein Vater und ich uns gemeinsam auf den Weg nach Fulda. Wir hatten Plätzchen gebacken, die wir der Vermieterin und auch dem Wirt aus der Gaststätte mitbringen wollten. Auf der Fahrt sangen wir beide voller Begeisterung das Album von Danny Plett. Als wir bei der Vermieterin ankamen, war sie sehr verlegen darüber, dass wir ihr ein Geschenk mitbrachten. Wir setzten uns gemeinsam in ihr Wohnzimmer, als sie zu erzählen begann. Sie war sehr traurig, weil ihre jüngste Tochter nun ein Jurastudium in Marburg anfangen wollte und einfach keine Wohnung fand. Jede Besichtigung sei mit 30 bis 40 Personen besucht und Studenten hätten grundsätzlich keine guten Karten. Sie gehe von einer Besichtigung zur nächsten und habe nun seit Wochen keinen Erfolg. Die Vermieterin schaute traurig zu Boden. „Ich weiß kaum, wie ich meine Tochter noch trösten soll, Eva. Ich kann deine Situation gerade sehr gut verstehen. Deswegen habe ich mir überlegt, dir etwas anzubieten. Die Etage meiner Töchter steht völlig leer, sie sind nur selten zu Hause bei mir. Wenn du möchtest, kannst du eines ihrer Zimmer beziehen, bis dein Appartement frei wird." Mein Papa und ich waren völlig von den Socken.

Wir besprachen uns noch weiter und stimmten ihr dann zu. Sie wollte nichts als Gegenleistung haben und wir entschieden uns, ihr monatlich eine kleine Summe zukommen zu lassen, um die Kosten im Haus decken zu können. Doch das war noch nicht alles. Auch als ich schließlich in das Appartement einzog, schenkte sie mir dafür einige Möbel, die sie bei sich aussortieren wollte. Meine Eltern steuerten eine Waschmaschine bei, so konnte ich vollkommen versorgt mein Leben in Fulda beginnen.

Schnell lernte ich meinen Nachbarn kennen, Tino. Er wohnte im Zimmer nebenan und freute sich sehr über meine Gesellschaft. Mit ihm lernte ich die Umgebung besser kennen. Er hatte ein Auto und half mir häufiger bei meinen Einkäufen. Wir verstanden uns sehr gut. Ich erzählte ihm, dass ich gerne christliche Freunde und vielleicht auch eine Gemeinde finden wollte, wo ich mehr über den Glauben an Jesus lernen könnte. Er sagte mir, dass er bisher nicht so den Bezug zum Glauben habe, aber offen dafür war, neue Bekanntschaften zu machen.

Über Flyer, die ich im Studentencafé der Hochschule gefunden hatte, wurde ich auf die Evangelische Studierendengemeinschaft, kurz ESG, aufmerksam. Diese Gruppe besuchte ich mit Tino zusammen. Die Treffen war sehr schön gestaltet. Wir aßen zusammen, hatten Gemeinschaft, spielten Spiele und unternahmen gemeinsam Ausflüge. Mir fiel auf, dass einige der Studierenden eine außergewöhnliche Begeisterung mitbrachten, wenn sie von Jesus sprachen. Sie erzählten, dass sie Glaubenserfahrungen in ihrem Alltag machten und dass ihr Leben durch den Glauben gesegnet sei. Ihre Augen leuchteten ganz besonders hell. Dann gab es da andere Studierende, die redeten mehr über theologische Grundsatzfragen und diskutierten darüber, wie bestimmte Themen in der Bibel zu verstehen und in den richtigen Kontext einzuordnen seien. Sie interessierten sich für moralische Fragen und konnten ihre eigene Meinung sehr komplex und ausführlich kundgeben. Das langweilte mich furchtbar.

Ich fragte meine Freunde mit den leuchtenden Augen, ob ich ihre Gemeinde besuchen kommen könnte. Sie waren ein bisschen verlegen. Es gebe noch keine Website und kein eigenes Gebäude der Gemeinde. Die Gottesdienste fänden zu unregelmäßigen Zeiten statt. Ich ließ mir alles erklären und verabredete mich mit Tino, die Gemeinde zu besuchen. Als wir dort zum ersten Mal hinfuhren, traf mich eine regelrechte Explosion an Eindrücken. Ich hatte so etwas noch nie erlebt. Der Großteil der Gemeindemitglieder stammte aus Afrika und war in herrliche bunte Kleider gekleidet. Es gab sehr viel Leben und Bewegung. Vorne im Gottesdienstraum spielte eine Band Lobpreislieder und niemand blieb dabei auf seinem Stuhl sitzen. Die Leute sprangen von ihren Sitzen, tanzten, beteten laut, warfen sich auf den Boden, um auf den Knien anzubeten. Die Predigt war voller Feuer. Der Pastor sprach davon, dass unser Leben sehr bedeutungsvoll für diese Welt sei und dass wir Gottes Herrlichkeit in uns trügen, wenn wir ihm unser Leben anvertraut hätten. Ich tauchte ins Geschehen ein und fühlte mich wie in einem Traum. Hier wollte ich sein, mehr erfahren, mehr von diesem leidenschaftlichen Leben mit Gott mitbekommen.

Die Gemeinde lud mich schon sehr bald zu einem Nachmittagstreffen einmal in der Woche ein, ihrem Hauskreis. Dort trafen wir uns mit sechs, sieben Leuten und sangen zusammen, lasen Begleitliteratur zur Bibel und sprachen über persönliche Fragen oder Anliegen. Es war für mich aufregend, mit einer völlig neuen Kultur warm zu werden, und ich freute mich über alle Maßen, immer wieder neue Dinge lernen zu können.

Während dieser Zeit lud mich eine ganz herzliche Familie nach einer recht kurzen Zeit des Kennenlernens zu sich nach Hause ein. Ich durfte dort sonntags mit ihnen zu Mittag essen. Die Eltern, Alain und Sandra, hatten vier Kinder: Die älteste Tochter war Teenagerin, dann gab es eine Tochter, die gerade mit der Grundschulzeit begann. Ihre kleine Schwester besuchte den Kindergarten und die Jüngste war erst ein halbes Jahr alt.

In den Gottesdiensten kamen die Kinder zu mir und wollten mit mir spielen und Bilder malen. Ich war es überhaupt nicht gewohnt, dass Kinder einfach so als Teil des Gottesdienstes verstanden wurden. Sie waren einfach da und niemand schien sich groß daran zu stören. Manchmal waren sie ein bisschen lauter oder unruhig, dann sprachen die Eltern mit ihnen oder nahmen sie eine Weile mit nach draußen. Jedenfalls gab es eine große Gelassenheit im Umgang mit den Kleinen, was mir immer wieder ein Wohlgefühl vermittelte.

Nach den Gottesdiensten in der afrikanischen Gemeinde gab es immer noch Zeit für persönliches Gebet und Anliegen. Ich selbst war sehr beschäftigt mit Fragen zu meinem Studium und der Sorge darüber, auf mich allein gestellt zu sein. Aber in der Gemeinde erlebte ich immer wieder Beistand. Besonders Alain zeigte mir, wie ich beten konnte. Er beteuerte mir, dass Gott genau wisse, was wir zum Leben benötigen. „Wenn wir unseren liebenden Vater um ein Stück Brot bitten, gibt er uns keinen Stein. Wenn wir ihn um einen Fisch bitten, gibt er uns keine Schlange", sagte er und zeigte mir, wo ich diesen Satz in der Bibel nachlesen konnte. Ich wurde immer und immer wieder ermutigt, in der Bibel zu lesen und beständig im Gebet zu bleiben. Alles, was mich bewegt, soll ich vor meinen himmlischen Vater bringen, zu jeder Zeit – das habe ich mitgenommen.

Während die Zeiten in der Gemeinde fröhlich und voller Leben waren, spürte ich zu Hause eine große Leere. Ich war oft antriebslos und erschöpft. Auch wenn ich ein noch so schönes

Zimmer hatte, machte mir die Einsamkeit dort oft zu schaffen. Dann war mein Zimmer nicht aufgeräumt, nicht sauber. Im Studium verstand ich mich gut mit einigen Mädels, wir hatten eine gute Gemeinschaft, redeten viel über Perspektiven nach dem Studium und lernten gemeinsam. Meistens trafen wir uns direkt auf dem Campus. Das ein oder andere Mal gingen wir in der Stadt in eine Bar und tranken einen Longdrink oder Cocktail. In der Freundschaft zu den Mädels war ich aber auch herausgefordert. Ich spürte, dass mir etwas fehlte, konnte aber nicht definieren, was es war. Es fühlte sich etwas dabei nicht stimmig an, mir fehlte ein wenig Herzlichkeit, auch wenn wir viel zusammen lachten.

Es kam immer wieder vor, dass ich Alain anrief und ihm sehr viele Fragen stellte. Ich erzählte ihm, was bei mir gerade im Alltag passierte und wie es mir ging. Er brachte mich immer wieder dazu, mit Gott über alles zu sprechen und ihm mein Herz zu teilen. Wir beteten zusammen und immer mehr fand ich eigene Worte, um selbst zu beten. Während der Zeit spürte ich, dass ich mich nach jemandem an meiner Seite sehnte, der mit mir über alles sprach, was ich durchmachte, und mich anleitete. Jemand, der mich warnte, wenn ich auf einem schlechten Weg war, und für mich einstand, wenn ich in Herausforderungen war. Ich sehnte mich danach, in Schutz genommen zu werden, wenn es mir nicht gut ging und ich mich hilflos fühlte. Ich wünschte mir einen Mentor oder väterlichen Freund.

An einem Tag machte ich nach einer Zeit in Gebet und Singen eine besondere Erfahrung. Ich spürte, wie Gott zu mir sprach. Ich konnte ihn innerlich sehr deutlich sprechen hören. Gott sprach zu mir als liebender Vater, der meine Herzenswünsche sah und sich darauf freute, sie mir zu erfüllen. Er sagte mir, dass er jemanden in meinem Leben als väterliche Person für mich ausgewählt habe, der sehr treu sei und immer an meiner Seite bleiben und der irgendwann mal auf meine Kinder aufpassen würde, wenn ich welche hätte. Ich schrieb alles auf und schaute es mir jeden Tag an. Es war so unfassbar tief für mich, ich fühlte mich verstanden auf eine ganz neue Art. Wochenlang fragte ich mich, wer es auf dem Herzen haben könnte, mich zu begleiten. Oft dachte ich an den Jugendleiter einer Gemeinde in Fulda, bei ihm hätte ich es mir gut vorstellen können.

Doch dann saß ich eines Tages am Tisch bei meiner befreundeten afrikanischen Familie und Alain setzte sich mir gegenüber hin. Er schaute mich länger an und sagte dann, dass er gern mein Vater im Glauben sein möchte, wenn ich das annehmen möchte. Er sagte, es habe ihn schon länger bewegt, mich begleiten zu können. Es war ihm wichtig, auf mich zuzugehen, denn er war der Überzeugung, dass ein geistlicher Vater die Initiative ergreifen sollte, nicht umgekehrt. Ich war so berührt. Die Frage erstaunte mich so sehr, dass ich einige Zeit brauchte, um sein Angebot anzunehmen. Etwas ganz tief in meinem Herzen bewegte sich. Es war mir, als ob ein langes Warten erhört wurde. Als ob ein tiefes Schluchzen und Seufzen gehört wurden. Das Gespräch hinterließ bei mir noch tagelang das Gefühl, in den Arm genommen zu werden. Es ließ mich nicht mehr los. Für mich war dieser Moment so heilig, als ob mir jemand einen Heiratsantrag gemacht hätte.

Immer und immer mehr spürte ich die Hoffnung, die auf meinem Leben lag.

Mein Pastor pflegte immer wieder zu sagen, dass wir Hoffnungsträger sind, weil der Geist Gottes in uns lebt. Er sagte, dass wir das Licht sind und dass wir in der Welt leuchten können, um anderen den Weg zu zeigen. Einmal ging ich in einer Krise zu ihm. In meinem Studium ging es mir nicht gut. Mir fehlte es an Orientierung, ich konnte mir nicht vorstellen, wo es später für mich beruflich hingehen sollte, und ich brauchte dringend finanzielle Unterstützung. Mein Pastor erklärte mir, dass Gott auf unser Leben schaut, voller Zuversicht und Hoffnung für uns. „Gott sorgt sich um dich, deshalb kannst du deine Sorgen bei ihm ablegen." Er zeigte mir, wo ich das in der Bibel nachlesen konnte. Er ermutigte mich, diese Bibelverse immer und immer nachzuschauen und in meinem Herzen zu bewegen. Ich sollte diese Worte immer vor Augen behalten. Dann betete er für mich.

Nur drei Tage später hatte ich ein Beratungsgespräch mit meiner damaligen Studiengangsleiterin. Ich fragte sie, ob sie einen Rat oder eine Idee für mich habe. Dabei war ich völlig offen und erzählte ihr, dass ich durch schwere Zeiten in meinem Leben gegangen war und dass mein Ziel sei, anderen Menschen durch meine Arbeit Hoffnung und Perspektiven verschaffen zu können. Noch am gleichen Tag bot sie mir an, dass ich als studentische Hilfskraft für sie arbeiten könne. Sie hatte gerade ein Projekt inne, in dem es um Gewalt bzw. Grenzüberschreitungen bei Teenagern ging. Ich konnte mir sehr gut vorstellen, in diesem Bereich tätig zu sein. Bis heute wundere ich mich darüber, dass ich bereits im ersten Semester eine solche Stelle bekam. In dieser Zeit spürte ich, dass es etwas mit der Gnade Gottes zu tun haben musste.

Heilung und afrikanische Tänze

Wie es auch immer war, in Fulda lernte ich etwas Neues kennen, etwas Einzigartiges. Mein erstes Semester an der Hochschule ging zu Ende, als ich auf eine Hochzeit von zwei Mitgliedern der afrikanischen Gemeinde eingeladen wurde. Bei dieser Feier wurde kein Tropfen Alkohol ausgeschenkt. Dennoch war die Feier so liebevoll und schillernd, dass ich ganz überwältigt war. Es wurde ausgelassen gelacht, getanzt und gescherzt, die Stimmung war unübertrefflich gut. Ich staunte über die Freiheit der afrikanischen Glaubensgeschwister, mit vollem Einsatz zu tanzen. Die Kinder tanzten den ganzen Abend um mich herum und machten Quatsch mit mir. Ich ließ mich nur zu gern mitreißen. Mein Herz wurde weich wie Wachs, weil die Mädchen keinerlei Berührungsängste hatten. Auch die Eltern der Kleinen schienen ganz entzückt davon zu sein, dass ich ihre wilden Kids bespaßte und mich um sie kümmerte.

Aber nicht nur, dass sie ohne Alkohol feiern konnten, faszinierte mich an dieser Gemeinde, sondern auch ihre Lebensfreude und Wertschätzung untereinander. Es gab dort viele Gründe zum Feiern und immer war die Stimmung ausgelassen und fröhlich. Meine Füße konnte ich kaum still halten und wann auch immer ich mich aufmachte zu tanzen, freuten sie sich und brachen in Jubel aus. Auch, wenn ich mich völlig unfähig und wie ein Hampelmann fühlte, waren sie begeistert und feierten es, dass ich mitmachte. Es waren Feste voller Ehre. Wenn jemand Geburtstag hatte oder ein Jubiläum feierte oder einen Dienst in der Gemeinde annahm – die Person wurde für ihren Dienst, ihre Entschlossenheit, ihren Charakter geehrt und gelobt. Und alle kamen zusammen, streckten ihre Hände zu den Personen aus, um Segen im Überfluss auszusprechen.

So eine Wertschätzung war unfassbar schön für mich, mein Herz quoll jedes Mal über vor lauter Begeisterung und Freude. Es war das pure Leben, das ich erlebte. Nach zwei oder drei Festen fiel mir gar nicht mehr auf, dass es keinen Alkohol gab, ich dachte einfach nicht mehr daran. Ich genoss es, in den Gottesdiensten allen Stress der Woche abzuschütteln, und stieg mehr und mehr in das Beten ein.

Allerdings merkte ich auch, dass ich mich innerlich von meinen Freundinnen aus dem Studium immer mehr entfernte. Wir saßen zusammen und ich spürte, wie ich langsam den Reiz an den Themen verlor, die im Freundeskreis im Mittelpunkt standen. Ich konnte nicht mehr über schmutzige Witze lachen, fühlte mich nicht davon angesprochen, wenn geprahlt wurde, wer von uns am meisten trinken könne. Es war mir schlichtweg nicht mehr wichtig. Ich bemerkte, dass ich selbst in Gesprächen immer wieder abdriftete und wie ich für eine unangenehme Stille sorgte, wenn ich begann, von meinem Glauben zu sprechen.

Bei all dem Lachen und Scherzen in der Gemeinde fühlte ich mich zu Hause in meinem Appartement weiterhin oft einsam. In stressigen Situationen kamen tiefsitzende Schamgefühle hervor, ich fühlte mich häufig nicht gut genug, besonders wenn es um das Studium ging. Wenn ich Lieder hörte, die wir uns auch in der Gemeinde gemeinsam anhörten, dann kamen mir sehr oft die Tränen. Dass es nicht mehr mit meinen Freunden im Kurs harmonierte, nahm ich mir besonders zu Herzen. Es war gut, dass Alain mir in der Zeit zur Seite stand, und dennoch konnte er den Kummer, den ich hatte, nicht immer auffangen. So weinte ich oft. Es war, als ob diese Tränen schon lange in mir verborgen gewesen waren und nur darauf gewartet hätten, dass ich sie freilasse. Auch wenn vieles in meinem Leben sich in eine sehr positive Richtung bewegt hatte, merkte ich, dass ich immer noch mit alten Herausforderungen zu kämpfen hatte. Doch im Gegensatz zu früher hatte ich nun ganz andere Hilfestellungen.

Ich begann ein Buch zu lesen, in dem es darum ging, mit den eigenen Emotionen in Kontakt zu kommen, indem man mit seinem „inneren Kind" sprach. Ich las das Buch und machte praktische Übungen dazu, fing an, mir selbst Briefe zu schreiben. Das Ganze war anfangs ziemlich ungewohnt für mich und forderte mich sehr heraus, doch nach einiger Zeit war es sehr aufschlussreich und ich konnte viel besser verstehen, wie viele meiner Emotionen zustande kamen. Ich lernte mir selbst liebevoll zu begegnen und meine Trauer und Wut zu respektieren, anstatt zu versuchen, sie zu unterdrücken oder zu ignorieren.

Alain arbeitete mit mir auf einer sehr übernatürlich orientierten Ebene. Wir schauten uns gemeinsam an, in welchen Bereichen ich mich in der Vergangenheit von Gott abgewandt hatte. Diese Dinge brachten wir dann zusammen im Gebet zu Jesus ans Kreuz und ich bat ihn um Vergebung. Ich erzählte Alain von One-Night-Stands, Satanismus und Diebstahl, von Drogen die ich ausprobiert hatte, und davon, wie ich meine Eltern gehasst hatte. Es gab Momente, in denen ich eine ganz neue geistige Ebene kennenlernte. Ich spürte, wie in mir ein Widerstand gegen die Gebete entstand. Doch dieser löste sich während der Gebete häufig wieder. Es wurde mir bewusst, dass das Erlebte aus meiner Vergangenheit eine Kraft auf mein Leben hatte, die nicht gut war und sich nicht mit der Gegenwart Gottes vertrug. Deshalb war es mir ein großes Anliegen, mit Gott immer wieder mein Herz zu reinigen und mich von alten Fehlern loszusagen. Ich spürte, wie sich mein Herz zu verändern begann.

Diese Veränderungen spiegelten sich auch in dem Austausch mit anderen Gemeindemitgliedern meines Hauskreises wider. Wir trafen uns jeden Mittwoch als feste Gruppe. Nachdem ich etwa ein halbes Jahr in der Gemeinde verbracht hatte, übernahm ich mit Unterstützung der Frau unseres Pastors die Leitung des Hauskreises, was mir unglaublich viel Freude bereitete. Ich konnte immer mehr die Inhalte der Bibel kennenlernen, die wir gemeinsam besprachen. Wir beteten füreinander und jede Woche schauten wir zusammen, was Gott in unserem Leben getan hatte. Und er tat sehr viel. Ich konnte in jeder einzelnen Woche sehen, wie Gott in meinem Leben handelte und wie er mir Fragen beantwortete.

In puncto Beziehungsleben wollte allerdings immer noch kein Frieden einkehren. Ich lernte jemanden kennen, von dem ich wusste, dass er Christ war. Er war ein guter Bekannter meiner Schwester und über sie hatte ich ihn zum ersten Mal getroffen. Wir verstanden uns auf Anhieb und lachten viel miteinander. Wir tauschten unsere Nummern aus und schrieben miteinander. Wir mochten uns mehr und mehr, bis wir uns dazu entschieden, eine Beziehung miteinander zu beginnen. Wenn wir miteinander sprachen, tauschte ich mich mit ihm immer wieder über meine Erlebnisse aus, wie Gott gerade mein Leben auf den Kopf stellte und dass ich alles nach ihm ausrichten wollte. Dann kam der Zeitpunkt, zu dem ich ihn besuchen fahren wollte. Er lebte im Süden Deutschlands und wir konnten uns nicht oft sehen.

Bevor wir uns trafen, hatte ich mich sehr mit dem Thema Sexualität und Glauben auseinandergesetzt und war daraufhin zu dem Entschluss gekommen, dass ich von nun an mit dem Sex bis zur Ehe warten wollte. Mein Freund machte mehrere Versuche, sich mir anzunähern, und ich sprach mit ihm über die Überzeugungen, die ich gewonnen hatte. Er war nachdenklich und offenbar sehr überrascht, dass ich zu solch radikalen Schlussfolgerungen gekommen war. Morgens nach dem Aufstehen wollte ich in der Bibel lesen und beten und fragte ihn, ob er mich in dieser Zeit begleiten wolle. Er lehnte ab und wirkte zum ersten Mal desinteressiert. Nach unserem Treffen bei ihm zu Hause distanzierte er sich von mir.

Ich spürte, dass ich ihn irgendwie verloren hatte, er meldete sich kaum noch und wirkte in unseren Gesprächen sehr abwesend. Ich hatte gehofft, dass er Jesus nur besser kennenlernen müsse, um sich ebenfalls stark für ihn entscheiden zu können. Doch nun fürchtete ich, ihn gänzlich zu verlieren. Alain setzte sich in der Zeit mit mir zusammen. Er sagte, dass Gott einen guten Plan für mein Leben habe und auch für meine Ehe und dass es schwierig sei, mit jemandem zusammen zu sein, der kein wiedergeborener Christ sei. Ich wehrte mich gegen das, was er sagte, und betete weiter für die Situation. Doch langsam begriff ich, dass mein Freund in seinen Entscheidungen frei war und er sich auch dazu entscheiden konnte, nicht so intensiv mit Jesus unterwegs zu sein, wie ich es tat. Dann hatten wir ein klärendes Telefonat. Mein Freund sagte mir, er fühle sich wie eine Last an meiner Seite und sehe gerade keine Lösung. Wir trennten uns an diesem Tag und er sagte mir: „Ich wünsche dir, dass du jemanden kennenlernst, der im Glauben so stark unterwegs ist wie du und dich sogar in deinem Glauben unterstützen kann." Ich war froh, dass wir uns im Frieden getrennt hatten. In meinem Herzen bewegte ich Worte in der Bibel über Ehe und bat Gott darum, mir zu zeigen, was sein Wille für mich war.

Während dieser Zeit dachte ich oft an Nathanael. Sein Weg nach dem Abitur hatte ihn in eine andere Stadt geführt. Ich spürte, dass mein Herz noch immer höherschlug, wenn ich an ihn dachte. Einmal begegnete ich ihm noch auf einer Feier mit unseren gemeinsamen Freunden. Ich hatte auf dem Herzen, ihm von Jesus zu erzählen, fand jedoch nicht so recht ins Gespräch mit ihm. Seinem besten Freund jedoch konnte ich erzählen, wie Jesus mein Leben verändert hatte. Während wir gemeinsam unterwegs waren, rief meine Schwester an und erzählte mir, dass sie sich verlobt hatte. Ich war unglaublich glücklich darüber.

Nathanael und ich schrieben nach dem Ereignis noch für eine Weile hin und her und ich spürte, dass er mir sehr auf dem Herzen lag. Nach ein paar Wochen – meine Gefühle für ihn kamen etwas deutlicher zum Ausdruck – brach er den Kontakt plötzlich wieder ab. Ich war traurig und bewegte meine Erlebnisse mit Gott. Ab dieser Zeit betete ich sehr intensiv für ihn.

Vor Beginn des zweiten Semesters wollte ich mein Ja zu Jesus durch die Taufe im See bestätigen. Für mich hatte diese Taufe eine unfassbar große Bedeutung, weil sie Symbol dafür ist, mit in das Grab von Jesus „hinabzutauchen", rein gewaschen zu werden und mit ihm zu neuem Leben „aufzutauchen", also aufzustehen. Zu dieser Taufe war die Gemeinde eingeladen wie auch viele meiner Bekannten und Verwandten. Es war ein wunderschönes Fest und ich hatte im Voraus immer wieder gebetet, dass Jesus mich in die Berufung führen würde, die er für mein Leben hat. Der Gottesdienst war unglaublich stark. Das Lobpreisteam hatte Lieder ausgesucht – ohne es mit mir abzusprechen –, die mich bereits in meiner Zeit als junges Mädchen im Zeltlager begleitet hatten und mein Herz sehr tief berührten. Nachdem ich eingetaucht worden war, wehte ein starker Wind durch die Menge und über den ganzen See. Meine Mama las eine Bibelstelle für mich. Sie steht in Jesaja 60,1-7 und 13-20. Es beginnt mit den Sätzen: „Mache dich auf und werde licht! Denn dein Licht kommt, und die Herrlichkeit des HERRN geht auf über dir. Denn siehe, Finsternis bedeckt das Erdreich und Dunkel die Völker; aber über dir geht auf der HERR, und seine Herrlichkeit erscheint über dir."

Diese Worte zu hören, war für mich so schön, dass ich völlig überwältigt war. Ich begann, vor Freude zu weinen. Als ich aus dem Wasser zurückkam, kamen meine Eltern und Freunde mir entgegen und nahmen mich in den Arm. Einer nach dem anderen kam und sagte mir: „Ich habe einen Eindruck von Gott für dich bekommen. Ich habe dich gesehen, wie du vor einer riesengroßen Menschenmenge standest, und all diese Menschen knieten vor Gott nieder." Sie hatten sich darüber nicht ausgetauscht, aber vier meiner Freunde und Familienmitglieder kamen mit genau diesem Eindruck zu mir. Es war sehr berührend. Auch heute bekomme ich noch eine Gänsehaut, wenn ich daran denke.

Gestärkt durch meine Freundschaften in der Gemeinde und die lebendigen Begegnungen mit Gott konnte ich im Studium weitere starke Schritte gehen. Tatsächlich dauerte es nicht lang, bis sich mir neue Freunde an die Seite stellten, mit denen ich eine engere und ausgeglichenere Freundschaft leben konnte. Meine Stelle als studentische Hilfskraft konnte ich leider nicht weiterführen, weil es sehr schwer war, sie mit meinen Lernzeiten zu vereinbaren. Dennoch ergaben sich weitere Möglichkeiten für mich, um Geld zu verdienen.

In einer Klausurphase hatte ich ein starkes Anliegen auf dem Herzen: Ich wollte für meine Mitstudierenden beten. Sie waren, wie ich auch, sehr herausgefordert mit den Inhalten des Studiums. Sie waren so abstrakt und kaum greifbar. Deshalb war ich fest entschlossen, die jungen Menschen aus meinem Kurs zu ermutigen. Ich wollte diese Hoffnungsträgerin sein, von der mein Pastor immer gesprochen hatte. Dann kam der Tag der Klausur und ich bat die Klausuraufsicht, für den Kurs beten zu dürfen. Hunderte von Studierenden starrten mich an. Ich bat um ihre Aufmerksamkeit und schaute nach oben. Dann bat ich Gott darum, sich zu zeigen und dem Kurs Ruhe und Konzentration für seine Arbeit zu schenken. Dann setzte ich mich hin und schrieb mit zitternden Händen selbst meine Klausur. Wenige Tage später sprachen mich Bekannte aus meinem Kurs an. Sie dankten mir für das Gebet. Sie seien zuvor nervös gewesen, doch nach diesem Gebet hatte sich tatsächlich ihre Nervosität gelegt. Das freute mich sehr.

Das wohl größte Wunder in dieser Phase war die Versöhnung mit meiner Familie. Wir hatten zwar schon ein gutes Verhältnis zueinander aufgebaut, jedoch hatte es immer wieder Situationen gegeben, in denen deutlich wurde, dass alte Verletzungen noch nicht ganz geheilt waren, die in den früheren Zeiten bei mir und meinen Eltern entstanden waren. In meiner Gemeinde fand nun ein Gottesdienst statt, den wir gemeinsam besuchten, meine Eltern und ich. Der Schwerpunkt des Gottesdienstes war Heilung. Ein Gastprediger war gekommen, Johannes, der einen prophetischen Dienst aufgebaut hatte. Das heißt, er betete für Menschen und gab ihnen weiter, was er von Gott für sie hörte. Johannes erklärte uns, wie wichtig es sei, dass wir anderen Menschen vergeben, die uns verletzt hatten. Nur so könnten wir selbst heil werden. Er erklärte, dass ein Zorn, den wir in unseren Herzen tragen, unsere Seele und unseren Körper krank machte. Und auch in der Bibel fordert Gott uns auf, uns gegenseitig zu vergeben, so wie er uns vergibt. Johannes sagte, wir sollten den Heiligen Geist darum bitten, dass er uns zeigte, wo wir uns gegenseitig Unrecht getan haben und dann sollten wir dafür um Vergebung bitten. In dem Moment, in dem er es ansprach und dafür betete, kamen mir viele Situationen in mein Herz, in denen ich verletzt von meinen Eltern gewesen war. Ich schaute sie an und Tränen liefen mir die Wangen herunter.

Meine Eltern und ich nahmen uns gegenseitig in den Arm. Wir schluchzten alle drei und konnten kaum sprechen. Dann nahmen wir uns Zeit, uns gegenseitig um Vergebung zu bitten für das, wo wir verletzend gewesen waren oder verletzt wurden. Es war so heilsam für mich zu hören, wie meine Eltern mich um Vergebung baten, und ich konnte ihnen aus ganzem Herzen vergeben. Mir selbst war es wie eine große Last gewesen, dass ich sie so abgelehnt hatte und überheblich geworden war, und ich bat um Vergebung dafür. Meine Eltern konnten auch mir vergeben. Eine große Erleichterung machte sich in uns allen breit. Wir hielten uns im Arm und drückten einander ganz fest. In den Tagen danach spürte ich, dass ich viel kraftvoller durch meinen Alltag gehen konnte. Etwas in meinem Herzen war geheilt und wiederhergestellt worden.

So wie dieses Wunder gab es unzählig viele Erlebnisse, in denen Gott mir Türen öffnete. Als ich in meinem vierten Semester ein Praktikum in Berlin machte, verstärkte sich meine Freundschaft zu einer meiner Kommilitoninnen, die auch gläubig war. Wir schmunzelten sehr, als wir herausfanden, dass wir am gleichen Tag Geburtstag hatten. Wir überlegten, nach unserer Zeit in Berlin gemeinsam eine kleine WG zu gründen. Es erwies sich jedoch als schwierig, eine geeignete Wohnung zu finden. Da das neue Semester bald startete, nahmen mich Alain und seine Familie für den Übergang bei sich auf. Ich konnte dort in einem schönen Gästezimmer wohnen. Es war eine schöne Zeit, die Mädchen kamen morgens, um mich zu wecken, und spielten und kuschelten mit mir. Jedes Mal schmolz mein Herz wie Wachs vor lauter Freude.

Meine Freundin konnte bei einer gemeinsamen Freundin unterkommen und fuhr jedes Wochenende nach Hause, ich suchte weiter Wohnungen und war im Stress, da das Studium schon meine ganze Aufmerksamkeit erforderte. In einem Telefonat mit Alain sagte ich ihm, dass ich schon völlig erschöpft sei von der Wohnungssuche. Ich kam gerade von einer Wohnungsbesichtigung, die nach meinem Empfinden wenig Aussicht auf Erfolg hatte. Alain fragte mich, ob ich denn schon eine Wohnung gefunden hätte, bei der ich das Gefühl hätte, dass Gott mir seine Gunst dafür schenke. Das war eine außergewöhnliche Frage und ich musste ein wenig nachdenken. Dann sagte ich ihm, dass die erste Wohnung, die ich mir angeschaut hatte, für mich völlig passend gewesen sei. Es war eine große Wohnung, sehr nah an der Hochschule, wir hätten zwei Räume darin für uns und sogar ein Wohnzimmer. Ich hatte immer wieder die

Besichtigungen ins Gebet gebracht und diese Wohnung war dabei wieder und wieder in mein Herz und vor mein inneres Auge gekommen. Es war mir, als ob Gott mir eine klare Richtung geben wollte, doch ich zweifelte es immer wieder an.

Alain sagte, ich solle einfach darauf vertrauen, dass ich Gottes Stimme richtig hören kann und er mir die Wohnung schenken würde. Das war eine riesige Herausforderung für mich. Ich sagte zu ihm: „Na ja, ich glaube ja auch, dass Gott Ja zu mir gesagt hat. Aber ich schaue mir eben weiter die Wohnungen an. Und Gott kann die Türen öffnen oder schließen." Alain lachte am Telefon und sagte, dass ich nun an einem Punkt in der Beziehung zu Gott angekommen sei, an dem ich diese Herangehensweise nicht mehr brauchen würde. „Glaubst du es wirklich, dass Gott dir eine Zusage gemacht hat, oder nicht?" Ich hatte ein schlechtes Gewissen, nun die weiteren Termine fallen zu lassen. Was würde meine Freundin dazu sagen? Sie verließ sich ja auf mich ... Doch ich wollte mein Vertrauen zu Gott auch in meinen Taten sichtbar werden lassen und mich auf die Herausforderung einlassen, wirklich alles in Gottes Hand abzugeben.

Also sagte ich die weiteren Besichtigungstermine alle ab. Dazu rief ich mehrere Vermieter an, mit denen ich schon für diesen und die nächsten Tage Termine ausgemacht hatte. Weil ich nun Zeit gewonnen hatte, konnte ich mich wieder in Ruhe auf den Weg zurück zu Alains Familie machen. Unterwegs bekam ich einen Anruf von dem Vermieter der Wohnung, die mir bei der Besichtigung so gut gefallen hatte. Er fragte mich, ob ich noch immer an der Wohnung interessiert sei. Ich lachte und bestätigte ihm mein Interesse. Dann sagte er mir, dass ich die Wohnung bekommen würde. Ich konnte kaum glauben, was ich gerade gehört hatte. Freudestrahlend kam ich nach Hause, um Alain von meinem Erlebnis zu erzählen.

„Alain, Alain, du wirst es nicht glauben! Ich habe gute Nachrichten!"

Alain lachte schon, als er mich sah. „Ich weiß es ja schon! Du hast die Wohnung bekommen!"

Da kippte meine Kinnlade herunter. „Woher weißt du das denn?!", fragte ich ihn.

„Ich habe gerade eben einen Anruf von meinem ehemaligen Vermieter bekommen. Er hat meinen Namen auf deiner Selbstauskunft gesehen, die du für ihn ausgefüllt hast. Da hat er mit mir gesprochen."

„Oh, das ist ja verrückt. Du hast bei ihm zur Miete gewohnt? Und was hat er gesagt?"

„Er hat mich gefragt, ob ich dich kenne. Da habe ich ihm gesagt, dass ich dich nicht nur kenne, sondern dass du meine Tochter bist. Dann hat er gefragt, ob es stimmt, dass du bei mir zu Gast bist. Dann habe ich ihm gesagt, dass du nicht nur mein Gast bist, sondern dass du hier mit uns wohnst, weil wir eine Familie sind. Dann hat er gesagt, dass er gerade überlegt, wen er in die Wohnung einziehen lassen soll, und dass er deine Unterlagen bekommen habe. Da habe ich ihm gesagt: ‚Na, dann ist die Entscheidung ja wohl schon getroffen, oder?'"

Freudentränen liefen mir das Gesicht herunter. Ich lief auf Alain zu und nahm ihn in den Arm. So angenommen zu sein in seiner Familie, das war für mich unbegreiflich kostbar. Dieses Erlebnis mit Gott stärkte meinen Glauben sehr. Es zeigte mir, dass er ein exzellentes Timing hat und dass er sich da zeigt, wo wir ihm völlig vertrauen. Der Vermieter hatte Alain genau in der Zeit angerufen, in der ich die Termine abgesagt hatte.

Ich genoss noch die letzte Zeit in der Familie. Während der Zeit gab es mehrmals große Familienfeste, bei denen ich einen hübschen jungen kamerunischen Mann näher kennenlernte. Er war sehr interessiert und aufgeschlossen, wir kamen uns ein bisschen näher und begannen, uns zu daten. Jedes Mal, wenn wir uns verabredeten, betete ich vorher. Ich wollte, dass Gott vollkommen in dieser Verbindung präsent sein konnte. Unsere Gespräche waren sehr schön. Wir redeten häufig drei oder vier Stunden miteinander und ich verliebte mich in ihn.

An einem Tag besuchte ich ihn in einer anderen Stadt und wir gingen gemeinsam aus. Abends, als wir gemeinsam aßen, kam er mir näher und küsste mich. Das alles war sehr schön, bis seine Hand plötzlich unter mein Shirt griff und er mich fragte, ob ich es mögen würde. In dem Moment schlugen alle Alarmglocken bei mir an. Ich sagte ihm, dass ich nicht länger bleiben könnte und nach Hause fahren müsste. Dann packte ich meine Sachen und er brachte mich zum Zug. Wir sprachen nicht mehr viel miteinander, doch er sagte an dem Tag, dass er mich als sehr ängstlich wahrgenommen hätte und er mich nicht so kennen würde. In mir brach an dem Abend eine Welt zusammen. Ich fühlte mich sehr schlecht. Als ich zu Hause war, erzählte ich Alain davon, was ich erlebt hatte und dass ich es nicht einordnen könne. Alain sagte mir, dass mein Date nicht so weit im Glauben unterwegs sei, wie ich mir das vielleicht vorstellen würde. Er hätte nicht in allen Bereichen seines Lebens Entscheidungen für Jesus getroffen und lebe mehr danach, was er gerade selbst im Sinn hätte.

Nach dem Gespräch mied ich den Kontakt zu meinem kamerunischen Freund. Ein paar Tage später rief er mich an und fragte mich, wieso ich Alain alles erzählt hätte. Er war sehr vorwurfsvoll und fühlte sich von mir hintergangen. Ich hatte ein schlechtes Gewissen ihm gegenüber und entschuldigte mich bei ihm. Ich nahm mir nach dem Gespräch vor, aufrichtiger zu sagen, wenn etwas für mich nicht in Ordnung ist. Dann brach unser Kontakt ab.

Ich konzentrierte mich nun weiter auf meinen Glauben und das Studium. Es waren herausfordernde Zeiten, doch mir half es sehr, dass wir unsere Aufgaben sehr häufig in Form von Gruppenarbeiten lösten. Gemeinsam zu arbeiten, gab mir sehr viel

Kraft. Während der Zeit fragte ich mich häufig, wie wohl mein Weg nach dem Bachelorstudium aussehen würde. Ich konnte mir sehr gut vorstellen, eine Bibelschule zu besuchen. Meine Mitbewohnerin wusste bereits für sich, dass sie kein Interesse an einem Masterstudium hatte. Während wir unsere Abschlussarbeiten schrieben, bewarb sie sich erfolgreich bei einer Krankenkasse. Ich selbst war mir noch unsicher und war mit meinen Gedanken noch nicht durch das Studium durch.

Die Arbeit an meiner Abschlussarbeit forderte mich sehr heraus. Ich fand kaum Zeit zu schreiben, weil ich so viel in meinen ehrenamtlichen Kreisen unterwegs war und überall viel in Bewegung setzen wollte. Meine Freundin ermahnte mich immer wieder, am Ball zu bleiben. Doch ich konnte mich schlecht überwinden, lange am Schreibtisch zu sitzen. Mittlerweile war ich in einem überkonfessionellen Netzwerk Leiterin eines großen Gebetsteams geworden und hatte eine schillernde Welt voller Wunder kennengelernt. Mein Fokus lag nicht so stark auf dem Studium, doch ich versuchte, alles zu einem möglichst guten Ende zu bringen. Alain beriet mich in meinen Entscheidungsprozessen über die Zeit nach dem Bachelorstudium. Nach einigem Hin-und-Her-Überlegen entschied ich mich dazu, zum Masterstudium in Fulda zu bleiben, zur großen Freude aller meiner Freunde. Wir veranstalteten große Jugendgottesdienste, zu denen wir bekannte christliche Bands und Sprecher einluden. Viele Menschen kamen zu uns und entschieden sich, ihr Leben mit Jesus zu beginnen, oder machten starke Glaubensschritte. Ein Highlight war auch mein Geburtstag. Es kamen mehr als 60 Personen, jeder brachte etwas mit und wir hatten eine großartige Zeit. Ich fühlte mich geliebt und spürte, dass ich einen wertvollen Beitrag in der Stadt leisten konnte.

Meine Abschlussarbeit reichte ich ein, wohlwissend, dass es keine Glanzleistung geworden war. Der Professor, der mich zu der Zeit betreute, war davon alles andere als begeistert, und so versuchte ich in den letzten Wochen, noch einige Ausbesserungen vorzunehmen, was mir eher schlecht als recht gelang. Ich war jedoch sicher, dass ich alles erfüllen würde, was es bräuchte, um für den Masterstudiengang aufgenommen zu werden, und so ging mein Weg auch weiter. Ich war glücklich, dass ich weiter in meiner Wohnung bleiben konnte, und begann an der Hochschule für meinen Lieblingsprofessor als studentische Hilfskraft zu arbeiten. Nach einiger Zeit stellte sich heraus, dass er gläubiger Katholik war, und er erbaute und ermutigte mich immer wieder.

Doch gerade während dieser Zeit gab es einen Umbruch, der für mich sehr erschütternd war. Alain und seine Familie verließen meine Gemeinde. Sie schlossen sich einer größeren Gemeinde in Fulda an, in der sie einige Jahre zuvor bereits Mitglieder gewesen waren. Ich verstand die Welt nicht mehr. Für mich war es, als ließen sich meine Eltern scheiden. Ich hatte in meinem Pastor wie auch in Alain sehr starke Ansprechpersonen, die mir viel Beistand geschenkt hatten. Meine Versuche, Dinge klarzustellen und zu schlichten, gingen völlig schief. Während dieser Zeit konnte ich kaum mit Alain sprechen. Ich fühlte mich allein und spürte Hilflosigkeit aufkommen. In der Gemeinde versuchte ich, meinem Posten als Hauskreisleiterin weiter gerecht zu werden.

Doch die Atmosphäre in der Gemeinde veränderte sich in dieser Zeit mehr. Ich nahm sie als kühler wahr im Vergleich zu vorher. Die Trennung in der Leiterschaft und der Verlust der Familie Kaffo schienen deutliche Spuren bei allen hinterlassen zu haben. Ich spürte das besonders deutlich, da ich meine wichtigsten Bezugspersonen nicht mehr um mich hatte. In den Gottesdiensten vermisste ich mehr und mehr Momente, in denen ich Gott als meinem Hirten und Vater begegnen konnte, der mich liebt und mich stärkt. Ich vermisste die kleinen Mädchen, die sich auf meinen Schoß setzten und auf dem Boden Bilder malten, die sie mir im Anschluss stolz präsentierten. Die Themen in der Gemeinde waren eher strategischer Natur. Der Pastor und seine Frau bauten gemeinsam ein Haus, was sie sehr viel zeitliche Kapazität kostete. Ich fühlte mich einsam und vernachlässigt. Es fiel mir schwer, über meine Gefühle zu sprechen und das Gespräch mit dem Pastorenehepaar zu suchen. Außerdem hatte ich starke Blockaden, aus Angst, dass ich zur Last fallen könnte. Mehr und mehr fühlte ich mich fremd. Mein Dienst in der Gemeinde wurde zu einer großen Überforderung für mich. Unter der Woche waren die anderen jungen Menschen aus meiner Gemeinde kaum erreichbar und es gelang mir nicht recht, um Hilfe zu bitten.

Nach einiger Zeit spürte ich, dass ich einen Rückzug brauchte, um mich zu sortieren. So legte ich mein Amt als Hauskreisleiterin nieder und zog mich aus der Gemeinde zurück. Ich begann, die Gemeinde einer Freundin aus Fulda zu besuchen, die ich in Euskirchen bei Bekannten von mir getroffen hatte. Sie hatte mit leuchtenden Augen von ihrer Gemeinde erzählt und gesagt, dass sie nun gelernt hätte, wie sie sich nicht mehr anstrengen müsse, um Gott zu gefallen. Ihr war in dieser Gemeinde bewusst geworden, was es bedeute, aus Gnade heraus zu leben, und nicht durch Werke zu versuchen, sich Gottes Annahme zu verdienen. Das habe ihr eine große Leichtigkeit in ihrem Leben geschenkt. Die Gespräche mit ihr hatten mich sehr neugierig gemacht, und so machte ich mich auf, eine neue Gemeinde zu besuchen. Diese Gemeinde sollte ein großes Werkzeug in meinen weiteren Heilungsprozessen werden.

Ein Jahr für Gott

Da saß ich nun. In einer Gemeinde, in der ich nur Gast war. Eine herzliche und warme Atmosphäre umgab mich. Kinder liefen zwischen den Stühlen umher, so kannte ich es auch aus meiner vorherigen Gemeinde. Nach der Begrüßung und einem Gebet kam eine wunderschöne junge Frau nach vorne, die den Lobpreis leitete. Sie hatte leuchtend blaue Augen und schulterlange blonde Haare. In aller Freiheit begann sie davon zu singen, dass wir bei Gott in einem Leben aus Gnade ankommen dürften. Tränen rannen mir die Wange herunter. Ich spürte, wie eine unsagbar große Last von mir abfiel.

Ich wusste, ich musste wieder an diesen Ort kommen. Es lag so viel Kraft in der Botschaft, die dort ausgesprochen wurde. Direkt nach dem ersten Gottesdienst wurde ich von ein paar Leuten angesprochen, ob ich noch mit in die Stadt gehen wollte. Wir aßen zusammen zu Mittag und ich lernte gleich viele der Gemeindemitglieder kennen. Sie waren völlig ungezwungen und fröhlich und freuten sich, mich kennenzulernen. Ich war nicht unter Erklärungsdruck, weil ich aus einer anderen Gemeinde gekommen war. Innerlich fühlte ich mich schlecht, weil ich das Gefühl hatte, meiner vorherigen Gemeinde nicht gerecht geworden zu sein. Es war mir wichtig, mir Zeit zu nehmen, alles intensiv im Gebet zu bewegen und nicht aus einer Verletzung heraus überstürzt an einen neuen Ort zu gehen.

Dann, nach ein paar Wochen, konnte ich in der Gemeinde in der Innenstadt ein Reden Gottes wahrnehmen. Ich hörte immer wieder inwendig den Satz: „Ich möchte dich an diesen Ort bringen, du sollst im Schoß der Gemeinde sitzen." Und immer wieder sah ich einen jungen Baum vor mir, der aus einer Baumschule herausgetragen und an ein Wohnhaus gebracht wurde, um dort neu eingepflanzt zu werden. Dieses Bild berührte mich sehr.

Es tat auch gut, in dieser Gemeinde erstmal vollkommenen Freiraum zu haben. Ich konnte ankommen und auch Gast sein. Der Pastor der Gemeinde nahm sich immer wieder Zeit für mich und sprach mit mir. Es sei ihm wichtig, dass Menschen, die neu in die Gemeinde kamen, Zeit hätten, die Lehre und das Herz der Gemeinde kennenzulernen. Das würde ein größeres gemeinsames Verständnis schaffen und Neuankömmlingen helfen, für sich herauszufinden, ob sie sich mit der Richtung der Gemeinde identifizieren könnten. Das konnte ich sehr gut verstehen. Ich wusste, es gibt sehr viele Strömungen und Überzeugungen, was den christlichen Glauben betrifft. Zum Teil entstehen unterschiedliche Sichtweisen und Wege, den Glauben auszuleben, schon durch die persönliche Prägung. Die einen sind in einer atheistischen Familie aufgewachsen, andere in einer christlichen. Manche sind freikirchliche Gottesdienste gewohnt und andere traditionell geprägte.

Diese Gemeinde hatte ein einjähriges Programm mit dem Titel „Jahr für Gott". Dieses Jahr konnten Menschen nutzen, um sich intensiv mit dem Glaubensleben im Alltag zu beschäftigen sowie Fundamente des christlichen Lebens und des vollbrachten Werks von Jesus am Kreuz kennenzulernen. Immer wieder sprach ich mit Personen, die dieses Programm durchlaufen hatten oder gerade ihre Erfahrungen dort machten. Sie waren alle – ohne Ausnahme – davon begeistert und erzählten mit leuchtenden Augen davon. Noch lange schaute ich mir alles von außen an. Meine derzeitige Mitbewohnerin, eine US-Amerikanerin, war sehr offen und begleitete mich in allem. So konnte ich mit einer großen Leichtigkeit die neu entstehenden Beziehungen in der Gemeinde genießen.

Immer wieder saß ich bei der jungen Frau, die zu Beginn meiner Zeit in der Gemeinde gesungen hatte, zu Hause und trank Kaffee mit ihr. Lilly und ich freundeten uns an. Ich mochte ihren Humor. Wir fanden heraus, dass wir beide eine Zeit in unserem Leben hatten, in der wir mit vielen Jungs befreundet waren und „Mädchenkram" nicht besonders toll fanden.

Lilly lebte in einer wunderschön eingerichteten Wohngemeinschaft mit vielen Freundinnen aus der Gemeinde. In der WG entstanden immer wieder sehr schöne Gespräche über den Glauben. Ich liebte den Gedanken, dass die Gemeinschaft in der Gemeinde wie in einer Familie gelebt wurde, und fühlte mich sehr schnell zugehörig. Viele der jungen Frauen aus der Gemeinde studierten noch genau wie ich und nutzten ihre Freizeit, um sich in der Gemeinde einzubringen und ein schönes Gemeindeleben mitzugestalten.

Im Stockwerk unter der WG meiner Freundin befand sich die „Jahr für Gott"-WG. Dort konnten die Teilnehmenden des „Jahr für Gott"-Programms zusammen wohnen und wurden in ihren Fragen begleitet. Auch diese WG war sehr liebevoll eingerichtet und hatte eine sehr angenehme Atmosphäre. Weiter unten in dem Gebäude gab es ein Center, das am Wochenende für junge Menschen geöffnet war. Dort gab es eine kleine Getränketheke, gemütliche Sitzecken, einen Kicker und viel Platz zum Spielen. Die Gemeinde hatte mit dem Center einen Ort geschaffen, der Raum für Begegnung bot. Junge Menschen konnten spielerisch vom Glauben an Jesus erfahren. Ich mochte diesen Ort sehr und staunte über die vielen Möglichkeiten, die die Gemeinde nutzte.

Alles, was ich in der Gemeinde erlebte, baute mich auf. Es gab kein einziges Treffen, von dem ich unzufrieden oder leer nach Hause ging. Immer wieder nahm ich Gottes Sprechen zu mir wahr. Es gab unzählige Momente, in denen ich Trost erlebte, in denen ich zu Tränen gerührt war, in denen jemand für mich betete und ich großartige Veränderung erleben konnte. Ich fühlte mich sicher und angenommen. In dieser Gemeinschaft hatte ich meinen Platz gefunden, inmitten von vielen freundschaftlichen und liebevollen Begegnungen. Die Eindrücke, die ich mit Gott in meinem Herzen bewegte, gaben mir den Mut, den ich brauchte, um mit dem Pastor der afrikanischen Gemeinde sprechen zu können.

Ich hatte im Vorfeld große Sorgen vor dem Gespräch. Doch meine Entscheidung war gefällt, ich wusste, ich wollte nicht mehr zurückkehren. Auf das Gespräch mit dem Pastor bereitete ich mich wochenlang vor. Ich überlegte, was ich ihm sagen könnte, denn ich wollte ihm in Liebe begegnen. Ich wollte mir Zeit nehmen, in Dankbarkeit über das zu sprechen, was ich in der Gemeinde gelernt hatte und wie ich gesegnet worden war. Gleichzeitig wollte ich mir auch ein Herz fassen und über das sprechen, was mir für meine Situation gefehlt hatte. Ich nahm mir auch viel Zeit, alles im Gebet in Gottes Hände zu legen und ihn darum zu bitten, alles mit seiner Gegenwart zu erfüllen. Dann kam es zu dem Gespräch. Wohlwollen und Liebe prägten die Atmosphäre. Der Pastor der afrikanischen Gemeinde sagte mir, dass es ihm schwerfalle, mich gehen zu lassen, da ich ein großer Schatz in der Gemeinde gewesen sei. Er war dankbar mitzubekommen, wie es mir ergangen war. Es sei ihm am wichtigsten, dass ich meinen Weg weiter mit Jesus gehe, und er vertraue fest darauf, dass ich auf einem richtig guten Weg sei. Er segnete mich und sagte mir, dass die Türen seiner Gemeinde immer offen für mich stünden, wann immer ich dort sein wollte.

Tränen der Erleichterung liefen mir die Wangen herunter. Ich dachte an die unzähligen Male, die ich mit dem Hauskreis in seinem Wohnzimmer gesessen hatte. Die vielen Male, als ich ihm und seiner Frau tränenüberströmt begegnet war und sie um Beistand gebeten hatte und wie sie für mich gesorgt und sich Zeit genommen hatten. Ich dachte an die Ermutigungen im Glauben, die ich immer und immer wieder gehört hatte. Ich hatte gelernt, dass ich ein Segen sein durfte, ein Licht, eine Hoffnungsträgerin in dieser Welt. Ich hatte gelernt, dass es eine „andere Seite" gibt, die nicht möchte, dass wir uns für Jesus entscheiden und ihm unser Leben anvertrauen. Und genauso hatte ich gelernt, diese aufrührerische Geistesmacht zu überwinden und meinen Platz im Glauben einzunehmen. Auch hatte ich erlebt, wie Menschen, die zuckend, schreiend und sich windend auf dem Boden lagen, im nächsten Moment aufstanden und vollkommen frei waren.

Es waren viele starke Erlebnisse, auf die ich zurückschauen konnte, und meine nun geordneten Verhältnisse gaben mir sehr viel Kraft, auf neuen Wegen weiterzugehen. Ich spürte, wie es mir guttat, was ich an den Sonntagen in der Gemeinde hörte, und wie Gott sich mir in kleinen und in großen Dingen im Alltag zeigte. Immer mehr verflüchtigten sich bei mir Selbstvorwürfe und Selbstanklage. Ich konnte besser und besser annehmen, dass ich bei Gott vollkommen angenommen bin, unabhängig meiner Schwächen und Verfehlungen. Das ist möglich, weil durch das vollbrachte Werk von Jesus am Kreuz ein Opfer für meine Schuld gebracht wurde. Es gab keine Trennung mehr zwischen ihm und mir und ich musste mir nichts mehr erarbeiten. Je mehr diese Wahrheit in mein Leben gelang, desto stärker erlebte ich den Heiligen Geist in mir. In dieser besonderen Atmosphäre der Gegenwart Gottes konnte ich richtige Lebenskraft und Freude spüren.

Die Zeit in der Gemeinde gefiel mir sehr gut und ich wurde mehr und mehr neugierig auf das „Jahr für Gott". Da ich mir nicht vorstellen konnte, mein Studium zu unterbrechen, um in der WG zu wohnen, nahm ich an einer angepassten „Jahr für Gott"-Gruppe teil, die sich zwei- bis dreimal in der Woche traf, in der Bibel las, sich austauschte und Zeit in Lobpreis und Gebet hatte. Woche für Woche fiel weiter Anspannung von mir ab. Ich spürte eine neue Leichtigkeit in meinem Alltag und sah Auswirkungen in meinen Beziehungen. Meine Mama und ich begannen, jede Woche zu telefonieren, und ich liebte diese Zeit. Ich konnte ihr ganz neu begegnen und hatte so ein tiefes und gestärktes Vertrauen in Gott, dass ich sie besser loslassen konnte und nicht ständig von dem Gefühl verfolgt war, für sie verantwortlich zu sein. Obwohl ich viel Zeit in die Gemeinde investierte, verbesserten sich meine Leistungen in der Hochschule. Ich konnte besser zur Ruhe kommen und mich sehr gut sammeln. Dadurch, dass ich viele Dinge gemeinsam mit Gott anging, hatte ich nicht mehr das Gefühl, mich allein durch Situationen durchkämpfen zu müssen. Ich erlebte die Beziehung mit Gott noch sehr viel intensiver und wurde immer wieder durch Begegnungen mit Gott im Alltag ermutigt.

Diese Kraft, die neu in mein Leben gekommen war, brauchte ich, um mich einem besonders schmerzhaften Thema meiner Vergangenheit zu widmen: sexuellem Missbrauch. Ich besuchte während des Studiums ein Seminar, das sexuelle und reproduktive Gesundheit zum Thema hatte.

Als ich mich dann näher mit dem Thema sexualisierter Gewalt bei Kindern befasste, wurde mir immer deutlicher bewusst, dass ich diese Form von Gewalt selbst erlebt hatte. Ich studierte das Verhalten von Tätern und die gesundheitlichen Folgen wie auch Spätfolgen von Betroffenen. Immer mehr wurde mir bewusst, dass ich etwas Furchtbares erlebt hatte. Mir dieses Thema näher anzuschauen, löste einen bisher verborgenen Schmerz in mir aus. Es kamen Erinnerungen an frühere Erlebnisse hoch, die ich völlig neu durchlebte und die mich erschütterten. Ich überlegte zwischenzeitlich, den Mann anzuklagen, der sich mir damals im Gospelchor angenähert hatte. Es war für mich ein unerträglicher Gedanke, dass er noch weitere Mädchen ansprechen könnte. Doch nach einigen Nachforschungen wurde mir mitgeteilt, dass dieser Mann bereits verstorben war. In der Zeit betete ich viel darüber und Gott half mir, mich mit der Vergangenheit auszusöhnen und ihm zu vergeben.

Dieser Prozess der Aufarbeitung war für mich extrem kräftezehrend. Es kostete mich alle Kraft, mich auf mein Studium zu konzentrieren. Ich fühlte mich häufig furchtbar einsam und abgeschnitten von anderen, obwohl ich bereits viele Freundschaften in meiner Gemeinde aufgebaut hatte. Es war für mich nicht leicht, mit Menschen in meinem Umfeld über meine Erlebnisse zu sprechen, doch ich fand trotzdem immer wieder Personen, die für mich beteten.

Während der Prüfungsphase lag ein unbeschreiblicher Druck auf mir, eine Last, die ich kaum mit Worten beschreiben konnte. Mein Kommilitone, der mit mir die Prüfung zu dem Thema „Sexualisierte Gewalt gegen Kinder" vorbereitete, war mir eine große Hilfe und Unterstützung. Wir trafen uns häufiger und besprachen uns. Bis kurz vor der Prüfung war ich innerlich völlig blockiert, sodass ich die Präsentationsfolien für unseren Prüfungsvortrag nur an einem Tag bearbeiten konnte. Ich fühlte mich innerlich über alle Maßen hilflos und unsicher, als ob ich komplett den Boden unter den Füßen verlieren würde. Sexualisierte Gewalt so stark selbst durchleben zu müssen und dann darüber referieren zu müssen – mit Benotung – eine Belastung von unsagbar hohem Ausmaß. Erst eine halbe Stunde vor der Prüfung hatten wir unsere Präsentation fertig. Zu Beginn gab es auch noch technische Probleme, was mich noch nervöser machte. Ich war völlig verkrampft und sprach in der Prüfung etwas zögerlich. Später bei der Besprechung sagte mir meine Professorin, dass ich nicht alles genau auf den Punkt gebracht hätte und sie dazu tendiert habe, mir dafür einen kleinen Abzug zu geben, dass unsere Gesamtleistung allerdings so gut gewesen sei, dass sie uns trotzdem die Note 1,0 gebe. Es war ein Moment unglaublicher Freude und Erleichterung. Gott hatte mich durch alles hindurchgetragen.

Am Tag nach der Prüfung besuchte ich eine Freundin aus einer anderen Gemeinde, die in Fulda einen Kleiderladen führte. Ich wollte mich bei ihr bedanken, denn sie hatte mich die Tage zuvor zum Essen eingeladen. Da sie selbst zu dem Zeitpunkt jedoch nicht im Geschäft war, konnte ich mit einer anderen jungen Frau sprechen, die gerade im Kleiderladen war. Ich erzählte ihr von der Prüfung und dem Thema, zu dem ich referiert hatte. Sie hörte zu und machte große Augen. Dann erzählte sie mir, dass sie selbst auch Missbrauch erlebt hatte. Sie hatte das Gefühl, dass es einen Teufelskreis in ihrem Leben gebe und sie immer wieder Gewalt erfahre. Ich erzählte ihr von Jesus und dass er sie aus diesen Erlebnissen herausführen könne. Wir zogen uns in den hinteren Bereich des Geschäftes zurück und sprachen noch lange, dann betete ich für sie. Es war ein sehr bewegender Moment für mich und ich war dankbar, dass sie mir ihr Vertrauen entgegenbrachte und ich ihr von Jesus erzählen durfte.

Ich war dankbar für weitere Schritte der Heilung, die mir halfen, meine Vergangenheit hinter mir zu lassen und Herausforderungen im Alltag besser zu bewältigen. Trotzdem musste ich erkennen, dass mein Weg der Heilung wie eine Wellenbewegung war. Mal erlebte ich überwältigende Durchbrüche und dachte, nun endlich allen alten Schmerz hinter mir lassen zu können. Und dann brach er in Momenten wieder über mir zusammen, wenn ich gar nicht damit gerechnet hatte. Dabei war es jedoch nicht so, dass ich mit jeder Welle wieder an meinen Ausgangspunkt zurückgeworfen wurde. Vielmehr konnte ich

mit der Zeit sehen, dass ich mit jeder Welle große Stücke vo-
rankam. Die nächste Welle wartete schon auf mich, und dieses
Mal war es mein Körper, der mit voller Wucht erfasst wurde.

Encounter, Seelsorge und Panikattacken

Es ging auf das Ende meines Studiums zu. Nur noch die Masterarbeit stand an und es fiel mir sehr schwer, eine gute Alltagsstruktur aufzubauen, um zu schreiben. Am Schreibtisch fühlte ich mich immer wieder allein und unsicher. Ich konnte es kaum verstehen, wie all die Dinge, die ich noch im Jahr zuvor bestens verstanden und beherrscht hatte, nun so weit weg von mir erschienen. Immer wieder musste ich mich neu in Themen einarbeiten. Die Studierenden aus meinem Jahrgang, mit denen ich mich gut verstanden hatte, waren nicht mehr vor Ort. Viele von ihnen waren nur für die Vorlesungen nach Fulda gependelt. Ich verlor mich derweil in Studien und las und versuchte, alles für mich zu ordnen und zu priorisieren.

Eine diffuse Scham begleitete mich während der ganzen Zeit. Ich malte mir mit Schrecken aus, was geschehen würde, wenn ich nicht fertig werden, wenn ich nicht hinterherkommen würde. Immer wieder sah ich meinen Professor vor meinem geistigen Auge, wie er mich enttäuscht ansah und mich fragte, was mit mir los sei. Ich war doch in den vorherigen Semestern so gut mitgekommen, so stark gewesen – warum um alles in der Welt gelangen mir nun die grundlegendsten Dinge nicht? Es war eine Qual und ich spürte, wie ich innerlich einging. In der Gemeinde fand ich immer wieder Ansprechpersonen, doch die Themen, die ich dort in meinem Inneren bewegte, waren alles andere als einfach zu verarbeiten.

Ich fühlte mich schwach und überfordert. Immer wieder träumte ich schlecht und war voller Scham. Meine Leistung war miserabel, alle Kommilitoninnen und Kommilitonen um mich herum zogen an mir vorbei und überholten mich. Sie waren mir mit ihren Abschlussarbeiten meilenweit voraus. Während ich noch am theoretischen Hintergrund meiner Arbeit feilte, schrieben sie ihre Methodik, machten ihre Datenauswertungen. Ich hatte jedoch ein ermutigendes Gespräch mit meinem Professor, bei dem ich in Tränen ausbrach. Ich sagte ihm, dass ich mich furchtbar fühlte, weil ich nicht hinterherkäme. Er nahm sich viel Zeit und ging mit mir geduldig Schritt für Schritt durch, was ich tun konnte. Das gab mir genügend Kraft, weiter an meinen Kapiteln zu schreiben.

Alain und Sandra waren vor Ort für mich da und wichtige Ansprechpersonen. In den vergangenen Jahren hatte ich gemeinsam mit Alain einen Gebetsdienst aufgebaut, den er nun vollständig übernahm. Er tat sein Bestes, um mir den Rücken freizuhalten. Auch Sandra nahm sich Zeit für mich und sprach sehr liebevoll zu mir, sodass ich Kraft hatte, in den letzten sieben Wochen vor Abgabe noch alles aufzuholen, was ich vorher nicht geschafft hatte. Es war ein großes Wunder. Gott stärkte mich in der Zeit so sehr, dass es mir nichts ausmachte, Tag für Tag zehn Stunden in der Bibliothek zu sitzen und zu schreiben. Ich ging zur Hochschule, vernetzte mich in der Mensa mit den Mitarbeitern des Fachbereichs und hatte so wieder Gemeinschaft, was mich für meine Zeit in der Bibliothek stärkte.

Als ich die Masterarbeit abgab, konnte ich fast den Felsen von meinem Herzen krachen hören. Die Zeit hatte mich jedoch sichtbar geprägt. Während der ganzen Zeit des Schreibens an der Masterarbeit hatte ich mir viele schlechte Angewohnheiten angeeignet und mich vor den Bildschirm geflüchtet, isoliert. Ich war einsam geworden. Ich konnte mich nicht einmal mehr daran erfreuen, dass das Netzwerk, in dem ich viele Jahre in der Gebetsleitung gedient hatte, nun einen großen Open-Air-Jugendgottesdienst feiern konnte, direkt vor dem Fuldaer Dom.

Innerlich war ich so von allem abgedriftet, dass es mich in die Ferne und Freiheit zog. So ging ich zunächst für ein paar Tage nach Frankreich, wo ich gut abschalten konnte. Dann musste ich mich selbst wieder finden und schauen, wie es für mich weitergehen konnte.

Während der ganzen Zeit hatte ich viel gebetet und Gott gefragt, was er für mich auf dem Herzen hatte. Ich empfand immer wieder, wie er mir zusprach: „Ich möchte dich in ein Arbeitsumfeld schicken, wo du ein sehr respekt- und vertrauensvolles Verhältnis zu deinem Arbeitgeber hast. Du brauchst jetzt gute und stärkende Erfahrungen, damit du aufgebaut werden kannst." Das machte mir Hoffnung. Zu dem Zeitpunkt konnte ich noch nicht sehen, was eine passende Stelle für mich sein könnte. Beim Lesen der Stellenausschreibungen wurde mir oft übel und ich fragte mich, wie ich jemals einen Berufseinstieg schaffen sollte. Doch immer, wenn ich ins Gebet ging, fühlte ich, wie ein Friede kam. Manchmal kamen aus der ganzen Zeit der Masterarbeit noch ein Frust und eine Verunsicherung hoch, doch irgendwie wusste ich, es gibt da draußen einen Platz für mich und ich kann zu einem Segen für andere werden.

Dann wurde ich überraschend zu einem Bewerbungsgespräch mit dem Leiter einer großen Organisation eingeladen. Ich war überwältigt. Es ging um eine Projektstelle, bei der man ein Konzept entwickeln sollte, um Personalmaßnahmen zu entwickeln. Der Leiter der Organisation nahm sich viel Zeit, um mir zu erklären und zu beschreiben, was die Stelle beinhalte und wie die Konditionen waren. Ich fühlte mich direkt gut aufgehoben und erzählte von den Schwerpunkten, die ich im Studium bearbeitet hatte und welche Fähigkeiten ich mir dort angeeignet hatte. Nachdem das Gespräch beendet war, ging ich mit einem guten Gefühl daraus hervor.

Nur wenige Tage später bekam ich eine Zusage für die Stelle. Dann dauerte es nicht lange und ich erhielt das Gutachten für meine Masterarbeit. Ich hatte mit einer 1,3 abgeschlossen. Mir kamen Tränen vor Glück und Erleichterung. Es gab mir viel Kraft, um in das Berufsleben zu starten. Dort erlebte ich viele sehr bewegende Begegnungen. Das Team und meine direkte Vorgesetzte waren sehr aufgeschlossen und freundlich. Insbesondere meine Vorgesetzte hatte ein gutes Auge für mich und war sehr wohlwollend mir gegenüber. Schritt für Schritt wurde ich mit allen Tätigkeiten vertraut gemacht und wusste sehr gut und sehr genau, wie ich vorgehen konnte. Diese durchdachten Strukturen waren genau der Rahmen, den ich brauchte, um meinen Weg wieder zurückzufinden und um Selbstvertrauen aufbauen zu können.

In dieser Zeit vertiefte sich die Beziehung zu einem jungen Mann namens August, den ich im Center kennengelernt hatte. Er sagte mir aber von Beginn an, dass er nichts weiter im Sinn habe als eine Beziehung unter gläubigen Geschwistern. Wir begannen, uns Texte zu schreiben, und sprachen über unsere Gedanken und was uns im Glauben beschäftigte. Er begeisterte mich, denn er schien keine Angst vor der Meinung anderer und keine Berührungsängste zu haben. Immer wieder sprach er mit den Menschen um sich herum über den Glauben an Jesus.

Wir begannen eine Freundschaft mit einigen Höhen und Tiefen. Ich spürte eine große Sehnsucht nach einem Partner in mir und wünschte mir, dass August sich doch für mich entscheiden würde. Es war eine sehr intensive Gemeinschaft zwischen uns, wir telefonierten häufig miteinander bis spät in die Nacht und beteten, sangen Lieder, lachten und teilten unsere Wünsche und Träume miteinander. Doch die Haltung von August mir gegenüber war sehr deutlich. Er war für eine partnerschaftliche Beziehung verschlossen und versicherte mir, dass er dazu kein Reden von Gott hatte. Wir begannen irgendwann, unseren Kontakt zu reduzieren, bis wir ihn nach zwei weiteren Monaten einstellten. Zu groß waren meine immer wiederkehrenden Hoffnungen und die damit verbundene Enttäuschung, wenn August sich von mir abwandte.

Auch auf der Arbeit spürte ich immer wieder, dass ich an meine Grenzen stieß. Nach ein paar Monaten machte ich mir große Sorgen, wie es für mich beruflich weitergehen könnte. Meine Vorgesetzten konnten mir keine Sicherheit über die Weiterführung meiner Stelle geben, was bei mir innerlich ein Gefühl von Mangel an Rückhalt und Verbindlichkeit auslöste. Es belastete mich spürbar. Gleichzeitig fühlte ich mich furchtbar unfähig. Die Inhalte meines Studiums verblassten mehr und mehr und ich hatte das Gefühl, nach einer langen Zeit des Studiums mit leeren Händen dazustehen.

Immer wieder rebellierte mein ganzer Körper und ich musste während der Zeit häufig ins Krankenhaus. Bei den Untersuchungen konnte man keine körperlichen Auffälligkeiten feststellen, und so begann ich langsam zu vermuten, dass ich an einer anderen Stelle suchen müsste, was mir fehlte. Immer wieder lag ich nachts im Bett und hatte das Gefühl, dass meine Organe versagten. Ich wachte auf und war schweißgebadet und wand mich in Schmerzen. Gleichzeitig fühlte ich mich unendlich ohnmächtig. Es war, als würde ich jeden Moment mein Bewusstsein verlieren. Immer wieder stellte ich mir vor, wie meine Nachbarn mich zu Hause finden würden. Wie ich auf dem Boden läge und nichts mehr tun könnte, gestorben wäre. Ich machte mir große Sorgen um mein Leben. Doch die Ärzte hatten keinen Rat für mich.

Um mich herum veränderte sich alles. Corona brach aus und wir versuchten, uns auf der Arbeit umzustrukturieren. Meine Vorgesetzte war hauptverantwortlich für das Management der Hygienemaßnahmen und war permanent am Telefon. Sie war sehr ruhig in allem und ausgeglichen, jedoch war die Zeit, die ich mit ihr verbringen konnte, sehr begrenzt. Ich verbrachte stattdessen viel Zeit allein zu Hause, ähnlich wie bei meiner Masterarbeit. Meine Mitbewohnerin zog sich zurück und war fast ausschließlich bei ihrer Familie. Sie musste nicht mehr vor Ort sein, um studieren zu können. Alles wurde auf digitale Lehre umgestellt. Ich hatte keine Zeit, mich mit meiner Situation zu beschäftigen, da ich bis zum Ende meines Arbeitsvertrags an dem Konzept arbeitete, welches wir dann gemeinsam feierlich bei unserem Projektträger einreichten. Ich war glücklich über die erreichten Ziele und dass mich meine gesundheitliche Beeinträchtigung nicht davon abgehalten hatte, alle Fristen einzuhalten. Rückblickend kann ich sagen, dass ich tatsächlich einen sehr wertschätzenden, vertrauensvollen Umgang mit meinen Vorgesetzten erleben durfte. Auch wenn ich Fehler gemacht hatte oder meine Aufgaben nicht in Bestform abgeliefert hatte, waren sie freundlich und lösungsorientiert geblieben und hatten sich bei mir für meinen Einsatz bedankt. Diese Arbeitsstelle war ein Geschenk für mich gewesen.

Dann genoss ich es, freizuhaben. Ich kümmerte mich nicht um eine neue Arbeitsstelle, sondern nahm die Einladung meiner Freundin Lilly an, in ihre WG in der Innenstadt zu ziehen. Ich freute mich sehr darauf, nun an einem Ort leben zu können, an dem ich wieder Gemeinschaft zu herzlichen Menschen haben konnte und an dem ich ein Stück weit mein studentisches Leben hinter mir lassen konnte. Nach dem Umzug ging ich mithilfe meiner Gemeinde viele innere Themen an. Ich sehnte mich danach, mich wohler mit mir selbst zu fühlen, in meinem Körper richtig zu Hause zu sein.

Der Leiter der Gemeinde hatte im „Jahr für Gott"-Programm davon gesprochen, dass es in Gottes Gegenwart sei wie ein Feld unter Regen. Wenn das Wasser auf die Erde fällt, wird sie nass und bringt alles zum Blühen, die guten Pflanzen genauso wie die bitteren Wurzeln, die sich in unserem Leben gebildet hatten. Ich konnte sehr deutlich wahrnehmen, wie Gottes lebendige

Gegenwart und sein Heiliger Geist viel Raum in meinem Leben einnahmen und sich schmerzhafte Momente meiner Vergangenheit plötzlich neu auftaten. Ich saß wieder gedanklich in der Küche meiner Großmutter und hörte, wie sie über mich schimpfte und meine Mutter sich über mich beschwerte. Da spürte ich, dass ich ihnen tiefer vergeben musste und auch konnte. Ich verstand, dass meine Versagensängste auf der Arbeitsstelle mit den Erlebnissen aus meiner Vergangenheit in Verbindung standen und dass Gott mir zeigen wollte, wie er mein Inneres wiederherstellen wollte.

Ein Team aus der Gemeinde, das sich „Encounter-Team" nannte, unterstützte mich dabei, die vergangenen Schmerzen und Lebenslügen mit der Hilfe des Heiligen Geistes zu identifizieren und mich davon zu lösen. Der „Encounter" in der Gemeinde war ein Programm, das genutzt werden konnte, um die Vergangenheit aufzuarbeiten. Es half mir dabei, mich von Ausbeutung und Manipulation loszusagen, von Selbstzweifeln und Ablehnungserfahrungen. Auf einmal konnte ich Regionen in meiner Seele spüren, die vorher wie betäubt gewesen waren. Oder die unter einer dicken Schicht verborgen waren. Nun konnte alles ans Licht kommen. Ich spürte in all den Prozessen, wie sehr Gott auf mich schaute und mich durch alles hindurch begleitete. Noch nie war ich so bereit dazu gewesen, mir alles anzuschauen, was sich in meinem Inneren angesammelt hatte.

Doch all diese inneren Prozesse für mich zu ordnen und zu verarbeiten, war nicht einfach. Es half mir, wenn ich laut Lobpreislieder sang, aber in unserer hellhörigen Wohnung war nicht immer Raum dafür.

Als ich über Weihnachten bei meiner Familie war, holten mich wieder meine körperlichen Beschwerden ein. Einmal lag ich eine ganze Nacht wach. Ich war wie gelähmt und gleichzeitig wie aufgestachelt. Mein Herz pochte wie wild. Ich fühlte mich nah bei Gott und gleichzeitig hatte ich das Gefühl, als würde ich elendig sterben. Und auch als ich zurück in Fulda war, gab es immer mehr Nächte, in denen ich nun wach lag. Ich war tagsüber richtig kaputt, nachts pochte mein Herz und ich litt furchtbare Ängste. Immer mehr fühlte es sich für mich an, als würde etwas in mir nicht stimmen. Wie wenn meine Organe und insbesondere mein Herz völlig überfordert damit wären, mich zu versorgen. Ich war in großer Not und fühlte mich häufig, als müsste ich sterben.

Nachdem im Januar eine komplette Woche jede Nacht diese Attacken kamen und ich mich nicht mehr sicher fühlte, ging ich ins Krankenhaus. Dort wurde ich komplett untersucht. Mein Herz, mein Kopf, meine Blutwerte – nichts war auffällig. Die Diagnose lautete: Panikstörung.

Während ich im Krankenhaus war, schrieb ich jeden Tag in mein Gebetstagebuch, was ich erlebte. Gott war mir in der Zeit sehr nah.

Einer der Psychotherapeuten auf der Station bot mir an, mich von nun an zu begleiten. Ich nahm sein Angebot etwas zögerlich an, weil ich mir nicht sicher war, ob ich mich nicht lieber von einem christlichen Therapeuten begleiten lassen wollte. So nahm ich mir Zeit, intensiv für mich zu bewegen und zu prüfen, ob dies der richtige Weg sein könnte.

In den Gesprächen mit meinem Therapeuten fühlte ich mich jedoch sehr wohl und ich konnte viel von dem erzählen, was mir widerfahren war. Er machte mir Mut und gab mir Hoffnung auf Besserung. Mit seiner empathischen Art und den Fragen, die er mir stellte, konnte ich mich innerlich sehr gut ordnen. Dennoch wunderte ich mich, weshalb meine Seele und mein Körper so sehr litten. Es war mir fast unbegreiflich, wie so ein Aufarbeitungsprozess nur so schwierig sein konnte. Die Panikattacken kamen immer wieder und in meinen Begegnungen mit Jesus wurden immer wieder schmerzhafte Erfahrungen aus der Vergangenheit an die Oberfläche gespült.

In der Gemeinde wurde genau zu dieser Zeit eine Seelsorgearbeit aufgebaut, von der ich sehr profitieren konnte. Es war mir, als ob Gott mir von allen Seiten Werkzeuge in die Hände gab, um mich zu stärken und durch die Zeit hindurchzutragen.

Noch im Krankenhaus rief mich dann eine mir bekannte Abteilungsleiterin meines vorherigen Arbeitgebers an. Sie sagte, ihr Team hätte ihr meinen Kontakt gegeben, sie suchten derzeit für eine Projektstelle eine Elternzeitvertretung. Zu diesem Zeitpunkt hatte ich mich noch auf keine einzige Stelle beworben. Dankbar nahm ich die Stelle an. Wieder einmal mehr spürte ich, wie Gott mich stärkte und sich um meine Anliegen kümmerte.

An der neuen Arbeitsstelle war ich sehr glücklich und ich spürte, wie ich Schritt für Schritt wieder den Weg in einen strukturierten Alltag fand. Meine Kolleginnen und Kollegen hatten einen sehr starken Teamgeist und waren immer an meiner Seite. Nach einiger Zeit konnte ich sogar eine Bekannte aus meiner Studienzeit für unser Team gewinnen. Es berührte mein Herz, da sie damals in meinem ersten Semester diejenige gewesen war, die mich durch die Hochschule geführt hatte und zu der ich aufgeschaut hatte. Nun durfte ich sie mit den Prozessen unserer Stelle vertraut machen. Ich hatte Erfolgserlebnisse auf der Arbeit und konnte mich dort investieren. In meinem Umfeld hatte ich starke Beterinnen und Beter an meiner Seite, die mir halfen, meine Ängste zu überwinden. Die Panikattacken nahmen mehr und mehr ab, nach einem halben Jahr waren sie abgeklungen.

Doch auch wenn ich große Fortschritte gemacht hatte, wurde mein Gesundheitszustand nochmals durch eine schwere Lungenentzündung erschüttert. Leider wurden dadurch die Panikattacken noch einmal reaktiviert. Meine Ärztin und mein Therapeut waren für mich in der Zeit die wichtigsten Ansprechpersonen neben den Menschen aus der Gemeinde, die mich begleiteten. Sie hielten mir den Rücken frei und ich nahm die Möglichkeit wahr, für eine längere Zeit in eine psychosomatische Klinik zu gehen. Während dieser Zeit konnte ich gewaltige Fortschritte machen, aus jedem Gespräch – sei es in Gruppen- oder Einzelgesprächen mit Ärzten und Therapeuten – konnte ich etwas gewinnen.

Ich verstand mehr und mehr, dass in mir tiefer liegende Themen aus der Vergangenheit verborgen lagen, die auftauchen konnten und sich seelisch und körperlich stark bemerkbar machten. Nur dadurch, dass ich umgeben war von der Güte Gottes, konnten Schmerzen auftauchen, die ich viele Jahre unterdrückt hatte.

In den Therapien war mir aufgefallen, dass ich über viele Erlebnisse aus meiner Vergangenheit – insbesondere schlechte Erfahrungen im sexuellen Bereich – nie mit jemandem gesprochen hatte. Ich hatte es in der Vergangenheit heruntergeschluckt und in mir verborgen gehalten. Doch in der Gegenwart von Gottes Liebe waren meine inneren Barrieren aufgebrochen.

Ich konnte mir mehr und mehr die Frage beantworten, warum die Panikattacken erst aufgetaucht waren, nachdem ich bereits viele heilsame Prozesse durchlaufen hatte: Ich hatte mehr Stabilität gewonnen und war nun erst in der Lage gewesen, die volle innere Last dieser Erlebnisse anzuschauen und zu verkraften. Während der Zeit in der Klinik war das Thema Tod so präsent, weil ich als 13-jähriges Mädchen so sehr das Gefühl gehabt hatte, dass Sterben der einzige Ausweg sei. Ich hatte spüren können, wie die ganze Last, die ich während der Zeit erlebt hatte, neu hervorgekommen war. Doch nun hatte sich etwas entscheidend verändert: Gott hatte mein Herz angerührt und mich befähigt, über alles zu sprechen. Wo ich mich als junges Mädchen in Einsamkeit und Isolation zurückgezogen hatte, war es mir nun möglich, Jesus mein Herz auszuschütten und meine Geschwister im Glauben darum zu bitten, mir beizustehen. Ich erlebte nun, wie Gott mir Menschen zur Seite stellte und Werkzeuge an die Hand gab, das Erlebte richtig zu verarbeiten und loszulassen. Ich wusste, er ging mit mir durch all das durch, um mich völlig neu herzustellen. Um mir eine Standhaftigkeit und neuen Lebensmut zu schenken, den ich vorher nicht gekannt hatte.

Es war eine Zeit des Aufbruchs. Viele Dinge klärten sich. Auch während dieses Klinikaufenthaltes hatte ich ein erfolgreiches Bewerbungsgespräch. Mein vorheriger Arbeitsvertrag war ausgelaufen und ich konnte mich auf eine Koordinatorenstelle bewerben, die ich mir schon seit meiner frühen Bachelorzeit gewünscht hatte. Nach dem Klinikaufenthalt konnte ich dort direkt beginnen zu arbeiten. Doch nicht nur das, die Zeit sollte noch den größten Segen mit sich bringen, den ich bis dahin erfahren hatte.

Das Beste kommt zum Schluss

Es gab einen Punkt in meinem Leben, an dem ich mich entscheiden musste: Strecke ich mich nach dem aus, was ich mir wünsche, oder lege ich vertrauensvoll alles in Gottes Hand und schaue, was *sein* Wille für mein Leben ist in jedem einzelnen Moment? Drei Jahre nach meinem Masterabschluss hatte ich, nachdem mein Vertrauen in Gott sehr gefestigt wurde und ich ihn jeden Tag gesucht hatte, einen solchen Moment. In einer Gebetszeit mit meiner besten Freundin konnte ich meine ganze Sehnsucht nach einem Partner loslassen. Ich konnte endlich den Schmerz ablegen über die ganze Ablehnung, die ich erlebt hatte. In dieser Zeit mit Jesus wurde mein Herz tiefer geheilt als jemals zuvor.

Ich traf eine Entscheidung: Ich möchte, dass nur noch zählt, was Gott mir in jedem einzelnen Moment zeigt. Ich streckte mich danach aus zu erkennen, was mein himmlischer Vater für mich vorbereitet hatte. Ich wartete nicht mehr, bis sich irgendwelche Dinge in der Zukunft einstellen würden. Das gab mir die nötige Kraft, meine eigene Wohnung für mich zu suchen und mich endlich in der Region niederzulassen, die ich lange ins Auge gefasst hatte. Zuvor hatte ich immer gedacht: Nein, das erfülle ich mir erst, wenn ich einen Partner habe. Dann können wir direkt zu zweit schauen, wo wir hingehen möchten. Das hatte ich abgelegt. In einer eigenen Wohnung zu sein, half mir, wieder in meine Lobpreiszeit mit Gott zurückzukommen, ohne auf meine Mitbewohnerinnen Rücksicht nehmen zu müssen. Ich fasste wieder mehr Mut, meine ganze Seele in meine Stimme zu legen und Gott mein Herz auszuschütten. Das empfand ich als sehr befreiend. Ich hatte außerdem aufgehört zu warten, bis sich Freunde mir anschlossen, wenn ich meine Ausflüge in die Natur machte. Wenn ich wandern gehen oder Rad fahren wollte, dann machte ich mich einfach auf den Weg. Ich widmete die Zeit meinem Gott und staunte über seine wunderschöne Schöpfung. Immer wieder kam ich abends erschöpft und glücklich nach Hause. Ich meldete mich nicht mehr – so wie in der Vergangenheit – auf christlichen Dating-Plattformen an, weil ich ganz in den Begegnungen sein wollte, die Gott mir schenkte und ermöglichte.

Ich habe heute den Mut, Gott zu fragen, was er für andere Menschen auf dem Herzen hat. Seit ich in der neuen Wohnung war, kamen immer wieder Gespräche mit meinen Nachbarn zustande, bei denen ich erzählte, wie ich Jesus kennengelernt und erlebt habe und wie er mein Leben verändert hat. Das waren immer schöne Erfahrungen, die mich auch selbst aufbauten.

Ich habe mich aus ungesunden Beziehungen gelöst, in denen ich nach mehrmaligen Gesprächen und Veränderungsbedarf keine Entwicklung mehr sehen konnte. Etwas war passiert, dass ich mehr bei mir und bei Gott war, als dass ich nur schaute, was in meinem Umfeld passierte, und mich nach anderen Menschen ausstreckte. Ein guter Freund von mir machte eine hervorragende christuszentrierte Meditationsarbeit, durch die ich immer wieder am Vaterherz Gottes zur Ruhe kommen und auftanken konnte. Es war sehr stark, was Gott weiterhin in meinem Leben tat.

Und immer wieder gab es neue Überraschungen in meinem Leben. So auch in der Zeit, als ich schon seit ein paar Monaten in der neuen Wohnung wohnte. Mich schrieb mein Schulfreund aus der Oberstufenzeit an, Nathanael. Ich hatte seit dem

Beginn meines Studiums nichts mehr von ihm gehört. Er fragte, ob wir uns austauschen könnten. Er hatte in Erinnerung, dass ich mit Jesus unterwegs sei. Ich war sehr aufgeregt, schließlich war mir Nathanael bereits damals sehr an mein Herz gewachsen. Es bedeutete mir viel, von ihm zu hören. Nun sprach dieser besondere Mensch mich wieder an. Er sagte, sein damals bester Freund hätte sich immer wieder über mich beschwert, weil ich ständig nur noch von Jesus gesprochen hätte. Und da er selbst damals weit vom Glauben abgekommen war, hatte er sich dazu entschieden, den Kontakt zu mir nicht aufrechtzuerhalten. Zu groß war seine Sorge gewesen, ich könnte ihn auf sein Glaubensleben ansprechen und darauf, dass er als Junge bereits sein Ja zu Jesus gegeben hatte.

Doch in der Zwischenzeit hatte er Erfahrungen mit Jesus gesammelt. Er hatte Ausnahmezustände erlebt, in denen Jesus eingegriffen hatte. Sein Herz war durch Jesus verändert worden und er wollte nun mehr von der frohen und rettenden Botschaft von Jesus erzählen. Ich staunte sehr darüber und freute mich. Wir blieben in Kontakt und stellten fest, dass wir sehr viele Parallelen in unserem Leben hatten. Er war mit dem gleichen Pastor wie ich als Kind auf Zeltlager gefahren und hatte dort den lebendigen Glauben an Jesus kennengelernt. Er war auf dem gleichen Gymnasium gewesen, auf dem ich die Mittelstufe verbracht hatte, und hatte dort unschöne Erfahrungen mit seinen Altersgenossen gemacht. Er hatte die Schule besucht, in der ich zur fünften und sechsten Klasse gegangen war, und die Oberstufe hatten wir zusammen besucht. Er war einer der besten Freunde meiner Schwester und mir. Er war auf der Hochzeit meiner Schwester gewesen und hatte an dem Tag neben mir gestanden, als sie mir ihre Verlobung verkündet hatte.

Nun standen wir wieder im Austausch. Es war eine besondere Zeit. Er sagte mir, dass er sein ganzes Leben in Gottes Hand gelegt hatte und sich nur noch nach dem ausstrecken wollte, was Gott für ihn auf dem Herzen hatte. Das konnte ich zu gut nachvollziehen. Nach ein paar Wochen kam er mich in Fulda besuchen und wir hatten eine sehr erfüllte Zeit. Als er wieder nach Hause fuhr, spürte ich, dass ich ihn sehr vermisste.

Dann bekam ich eine schwere Grippe. Er rief an, um ich zu fragen, ob ich jemanden hätte, der sich um mich kümmern könnte. Ich sagte, dass ich meine Freunde hier nicht anstecken wolle. Er bot mir an, zu mir zu fahren und sich um mich zu kümmern, bis ich wieder gesund wäre. Am nächsten Tag schon war er bei mir und sorgte sich um mich. Wir erlebten sehr schöne Momente und redeten bis tief in die Nacht hinein. Als ich wieder gesund wurde, sprachen wir aus, was im Raum stand: Wir hatten beide nicht damit gerechnet, dass etwas zwischen uns entstehen könnte. Doch von Tag zu Tag hatten wir uns mehr und mehr gegenseitig ins Herz geschlossen. Wir waren beide überwältigt über die Herzensverbindung, die zwischen uns entstanden war, und wurden ein Paar. Es ist eine große Gnade in meinem Leben, sieben Jahre war ich keine feste Beziehung mehr eingegangen.

Ein paar Wochen später hatte ich ein Gespräch mit meiner Mama. Sie sagte: „Ich muss gerade daran denken, was du mir zu der Zeit gesagt hast, als deine Schwester geheiratet hat. Damals hattest du schon viele junge Männer in deinem Leben. Aber zu der Zeit hast du die Feststellung gemacht: ‚Mama, Nathanael kann ich mir richtig gut als Ehemann vorstellen.‘ So etwas hast du nie zuvor und auch nie später über einen deiner Partner gesagt. Und das haben wir ganz genauso gesehen."

Es hatte eine Weile gedauert, bis die Zeit dafür reif war. Aber nun fühlte es sich für mich so an, dass endlich das in Erfüllung gekommen war, was von Anfang an das Beste gewesen war.

Nachwort

Ich bin dankbar für das, was Gott noch immer in meinem Leben tut, und es ermutigt mich, mich noch weiter nach dem auszustrecken, was er für mein Leben bereithält und welch großartige und hoffnungsvolle Bestimmung auf meinem Leben liegt. Und dennoch, auch wenn sich vieles inzwischen in eine sehr gute Richtung bewegt, ist noch nicht jeder Kampf überwunden. Ich habe weiter meine Herausforderungen und werde sie bis an mein Lebensende haben. Durch die Erfahrungen, die ich gemacht habe – insbesondere durch den sexuellen Missbrauch –, ist es für mich besonders herausfordernd, im Alltag meine emotionalen Unruhen zu überwinden. Auf der Arbeit habe ich oft noch Momente, in denen ich mich unsicher und schutzlos fühle. Ich habe ein besonderes Bedürfnis nach einer „Rückendeckung" in meinem Arbeitsumfeld, die ich nicht immer bekomme. Manchmal kämpfe ich mit Antriebslosigkeit und Konzentrationsstörungen. Ganz zu schweigen davon, dass ich abends häufig lange wach liege und nicht einschlafen kann. Aber ich glaube, dass ich mit Gottes Hilfe immer weniger Schwierigkeiten haben werde bis dahin, dass ich völlig unbeschwert meinen Alltag bewältigen kann – doch wann ein solcher Punkt erreicht ist oder ob er überhaupt erreicht sein kann, das liegt allein in seiner Hand.

Mein ganzes Leben habe ich damit verbracht, mich anzupassen, und ich habe besonders viel Energie investiert, mithalten und Leistung bringen zu können.

Es ist ein immer wieder auftauchendes Phänomen, dass Menschen, die Missbrauch erlebt haben, nach außen das Bild vermitteln wollen, dass mit ihnen alles in Ordnung sei. Dies liegt tief begründet in einer Scham über sich selbst und das Erlebte. Beim Missbrauch wird den Betroffenen suggeriert, dass sie nicht über ihre Erfahrungen sprechen sollen und dass das, was sie erlebt haben, „nichts Schlimmes oder Unnormales" sei. Bei sexueller Ausbeutung entsteht dadurch ein Konflikt zwischen der Wahrnehmung des eigenen Körpers und den eigenen Empfindungen. Der Körper und die Seele sagen: „Was hier passiert, fühlt sich nicht gut an", doch das von außen manipulierte Auffassungsvermögen sagt: „Alles ist in Ordnung." Viele Betroffene erleben eine Spaltung zwischen ihrer „Alltagsperson", die aus dem Verstand agiert, und der Seele wie auch ihrer Intuition. Was daraus folgt, ist ein innerer Konflikt im Alltag, in dem Wahrnehmungen von Stress, von Überforderung und Erschöpfung häufig lange unterdrückt werden, bis die körperlichen Grenzen völlig überschritten sind. Dann folgen seelisch und körperlich wahrnehmbare Schmerzen, die sich bis hin zu Suizidgedanken steigern können. Auch die Wahrnehmung von eigenen Emotionen und den Emotionen anderer Menschen kann als Überforderung erlebt werden.

In den vorherigen Kapiteln habe ich ganz bewusst sehr offen über meine sexuellen Erfahrungen gesprochen, besonders über Grenzsituationen. Viele Menschen, die sexuellen Missbrauch erlebt haben, können sich nicht an diese Erlebnisse erinnern, da der Körper einen Schutzmechanismus entwickelt hat und die Erfahrungen verdrängt werden. Was jedoch manchmal im Alltag bleibt, sind auffällige sexuelle Neigungen, für die sich die Betroffenen selbst häufig scharf verurteilen. Es kommt vor, dass Folgen sexualisierter Gewalt zwanghafte Masturbation, ein hoher Pornografiekonsum oder ein bestimmter Fetisch sind. Ich möchte all diese Neigungen auf keinen Fall verurteilen, sondern offen darüber sprechen, dass es manchmal einen verborgenen Grund gibt, warum sie entstehen. Es muss dabei nicht immer so aussehen wie bei mir. Über sexuelle Erfahrungen offen zu sprechen – ganz besonders als bekennende Christin –, bricht die Scham auf, die viele Menschen im Verborgenen mit sich tragen. Aus Angst vor Verurteilung sprechen Menschen oft nicht über das, was sie im Alltag bei sich wahrnehmen, obwohl sie sich damit nicht wohlfühlen und vielleicht Hilfe brauchen. Sie fürchten sich davor. Es gibt auch leider viele Kirchen, in denen Menschen verurteilend reagieren. Doch das sollte nicht so sein. Es ist wichtig, dass den Betroffenen Gehör geschenkt wird. Jeder Mensch ist so wertvoll für Gott, der unsere Herzen kennt und uns liebt und uns auf unserem Weg helfen möchte.

Was ich deutlich machen möchte, ist, dass ich immer wieder sexuelle Erfahrungen gesucht habe, weil ich damit einen Mangel ausfüllen wollte, den ich in meinem Herzen gespürt habe. Ich habe durch andere Menschen gespiegelt bekommen, dass diese ausgelebte Sexualität eine Freiheit ist und sich gut anfühlt. Rückblickend hat sich das jedoch nicht bewahrheitet. Die kurzfristige körperliche Befriedigung ist schnell verklungen. Was jedoch übrig blieb, war eine Unsicherheit darüber, ob ich wirklich geliebt bin. Oft hat es mir das Herz zerrissen, wenn meine Partner sich nicht mehr bei mir gemeldet haben – selbst, wenn ich mich mit ihnen nur zu einem One-Night-Stand verabredet hatte.

Die Liebe, die ich durch Jesus kennengelernt habe, ist eine treue und verbindliche Liebe, die mich von innen heraus verändert hat, nachdem ich sie erlebt habe. Meine Bedürfnisse haben sich verändert und ich kann mich heute auf eine einzige, feste und verbindliche Beziehung einlassen.

Ich bin nach meinen Erfahrungen sehr dankbar, dass ich Liebe und Zuneigung in einer Beziehung zulassen kann. Und ich bin auch davon überzeugt, dass Gott mit mir alle weiteren Schritte geht, um stabil durch meinen Alltag zu kommen. Dennoch liegt die Vermutung nahe, dass sich Spätfolgen meiner

Erlebnisse immer wieder zeigen werden, die in meinem Alltag eine Einschränkung sein können.

Ich habe in der Vergangenheit über viele Jahre meines Lebens die Stimme meiner Seele ignoriert und bin vor meinen inneren Schmerzen davongelaufen. Oft habe ich unter Qualen versucht, Ergebnisse abzuliefern und Ziele zu erreichen, ohne zu hinterfragen, ob diese Ziele meine eigenen waren oder ich gerade Erwartungen von anderen gerecht werden wollte. Das lässt sich nicht in einem einzigen Augenblick ausschalten, wie ein Lichtschalter, den man an- und ausschalten kann. Die Zeit, in der ich mein Erlebtes aufarbeitete, hat einiges zutage gefördert, und ich lerne zu erkennen, wer ich wirklich bin und was ich brauche. Ich habe meine verletzliche Seite nach außen gekehrt und lerne, fürsorglich mit mir und meinen Emotionen umzugehen.

Und, was am wichtigsten ist: Ich lerne in all dem, was ich wahrnehme, in Gottes herzliche und väterliche Gegenwart zu kommen. Ich habe begonnen, alles aufzuschreiben und mir immer wieder eine Chance zu geben. Es ist für mich ein Lernprozess, meine eigenen Emotionen wahrzunehmen und deuten zu können. Ich lerne jeden Tag neu, meine Schwächen anzuerkennen und Unterstützung in Anspruch zu nehmen. Es gibt immer mehr Momente, in denen ich realisieren und spüren kann, was mich ausmacht und was mir wichtig ist. Immer wieder, wenn Ängste kommen und ich eigentlich weglaufen möchte, halte ich inne und versuche, die Situation anzugehen. Ich bin weiter in Therapie und ich habe eine leidenschaftliche Beziehung zu Jesus Christus.

Immer wieder öffne ich mein Herz für die Liebe eines Gottes, der selbst Mensch wurde und sein kostbares Blut für die Zerbrochenheit der ganzen Menschheit vergossen hat. Ich erfahre immer wieder tiefen Trost und tiefe Herzensbegegnungen mit meinem Gott, der mein Vater und mein König geworden ist. Es ist wahr, wie mein Taufspruch sagt: „Mache dich auf, werde licht! Denn dein Licht kommt, und die Herrlichkeit des HERRN geht auf über dir" (Jesaja 60,1). Ich öffne immer wieder mein Herz für seine Gnade und Güte in meinem Leben. Ich öffne mein Herz für Dankbarkeit und Annahme. Um andere Menschen zu lieben, besonders die, die Ähnliches durchlebt haben wie ich.

Es gibt eine Stelle in der Bibel, in der es heißt: „Gelobt sei der Gott und Vater unseres Herrn Jesus Christus, der Vater der Barmherzigkeit und Gott alles Trostes, der uns tröstet in all unserer Bedrängnis, damit wir die trösten können, die in allerlei Bedrängnis sind, durch den Trost, mit dem wir selbst von Gott getröstet werden" (2. Kor. 1,3-4). Immer und immer wieder kann ich an meinem eigenen Leib erfahren, wie überfließend groß diese Liebe und dieser Trost sind, die ich erfahren und weitergeben darf. Es gibt Tage, an denen ich es nicht so stark erlebe, und doch weiß ich, es ist die ganze Zeit da. Ich bin oft tief bewegt dazu, für Menschen einzustehen und zu beten. Dann sprudelt mein Herz über und alles fühlt sich vollkommen lebendig an. Und nicht nur das, sondern auch ich habe geliebte Menschen um mich herum, die mir sehr nah sind und mich lieben und unterstützen. Ich bin nicht einsam, sondern umgeben von wundervollen Menschen.

Gott hat ein Wunder in meiner Familie getan und sie wiederhergestellt. Er hat mein Herz verändert und mir gezeigt, wie sehr er sie liebt. Ich habe heute viel mehr Verständnis für meine Eltern als früher und kann sehen, dass sie so um mich gesorgt haben, wie sie es am besten wussten und konnten – und dass sie nicht in der Lage gewesen wären, mehr für mich zu tun. Sie haben ihr Bestes für mich gegeben und dabei große Opfer gebracht und sich sehr bemüht. Auch ihre Herzen wurden verändert und sie haben heute den Mut, zu den Fehlern der Vergangenheit zu stehen. Sie sprechen offen darüber, was bei uns zu Hause los war und wie Gottes unverdiente Gnade uns aus dem Elend geholfen hat.

Dann hat Gott mir meine afrikanische Familie in Fulda geschenkt, die ich sehr liebe und mit der ich über die Jahre immer mehr zusammengewachsen bin. Alain und Sandra haben mich geistig gestärkt und mir ihr Bestes gegeben – obwohl sie selbst schon vier Kinder haben. Ich bin wie eine Tochter in ihrer Familie und das zeigen sie mir mit ihrem ganzen Herzen. Die Kinder der Familie habe ich nun seit acht Jahren aufwachsen sehen und wir haben eine sehr enge und liebevolle Verbindung. Die beiden jüngeren Mädchen lassen alles stehen und liegen und jubeln, wenn sie mich sehen. Es berührt mich auch heute noch jedes Mal fast zu Tränen. Ich weiß, sie werden mit Gottes Gnade eines Tages auf meine Kinder aufpassen und ich werde sie weiter in ihren Höhen und Tiefen begleiten.

Mein Gott hat mir über all die Jahre eine Stimme geschenkt. Ich kann mich ausdrücken und artikulieren. Ich kann Themen ansprechen, die andere Menschen um mich herum nicht ansprechen könnten. Ich spreche über das, was ich erlebt habe, und kann so Menschen erreichen, die sich allein und missverstanden fühlen. Es fühlt sich richtig an, offen zu sprechen und nichts zurückzuhalten. Was ich erlebt habe, darf zu meiner Berufung werden: Menschen nah zu sein, die in Not sind und die vergessen und vernachlässigt wurden. Die zu verstehen und zu hören, die missverstanden und nicht gesehen wurden. Ich darf Berufung leben, als die Tochter eines mächtigen Königs, der regiert, gerecht ist und sich dennoch demütig kleinmacht, um uns in allen Leiden beizustehen.

Und wer weiß, was noch passiert. Es ist noch so viel Zeit. Irgendwann werde ich zurückschauen und feststellen, dass alles so viel leichter geworden ist. Nathanael sieht in mir die Frau, die Gott ihm aus Gnade geschenkt hat, und wir wollen bald heiraten. Ich bin so beschenkt und freue mich auf unsere Zukunft.

Wer weiß, vielleicht haben wir bald unsere eigene Familie. Vielleicht schaue ich in ein paar Jahren zurück und habe einen Dienst aufgebaut, in dem ich in Vollzeit nur noch Menschen diene, die zerbrochen sind und durch mich Gottes Liebe und Trost erfahren dürfen. Das ist mein großer Traum. Und bis es so weit ist, genieße ich die Liebe und den Trost, die ich immer wieder bei meinem himmlischen Vater erfahren darf. Bis es so weit ist, liebe ich die Menschen in meiner Umgebung aus vollem Herzen und zeige ihnen den Himmel, der für sie geöffnet ist durch Jesus. Für sie und auch für DICH.

Danksagung

Ich danke meinen Eltern, dass sie sich auf diesen schwierigen Weg mit mir eingelassen haben und nie die Familie aufgegeben haben. Dass sie immer dazu bereit waren, mich liebevoll zu unterstützen. Ich danke meiner Schwester, weil sie – vielleicht auch ohne sich dessen bewusst zu sein – ganz viel von dem Leiden in der Familie mitgetragen und zu mir gehalten hat.

Ein sehr großer Dank gilt meinem Gospelchor, besonders der damaligen Leiterin Renate. In meiner schwierigsten Zeit hat der Chor immer eine Schlüsselrolle in meinem Leben gespielt.

Danke auch ganz besonders an meine feurigen Vorbilder und Mentoren im Glauben, die sich sehr viel Zeit für mich genommen haben und mich dem Herzen des liebevollen himmlischen Vaters näher gebracht haben. Gregor, Alain und Sandra, Emmanuel und Virginie, Holger, Johannes, Shahram, Apostel Israel, Pastor Beatrice, Falk und Michael. Ihr seid Freunde des Heiligen Geistes und tragt ein unfassbar großes Erbe in euch. Ich danke Alain und Sandra, Teil ihrer wundervollen Familie sein zu dürfen.

Danke auch an meinen guten Freund Björn, der mich in einer wichtigen Zeit auf eine sehr freundliche Weise weiter in meine Berufung gestupst hat – eine wahre Gebetspionierin zu sein und Menschen in den Thronsaal Gottes führen zu dürfen. Und schließlich auch dieses Buch zu schreiben.

Ich danke den Löwinnen und Löwen im Gebet, die mit mir den Himmel gestürmt und mich in schwierigen Momenten begleitet haben.

Meine liebsten und engsten Freundinnen und Schwestern im Glauben Irina, Nesrin, Marie und Linea. Mein bester Freund Tino und mein starker und vorbildlicher Glaubensbruder Immanuel. Euch gilt mein ganz besonderer Dank.

Nathanael, ich danke dir von ganzem Herzen, dass du den Mut gefasst hast, zu mir zurückzukehren. Ich liebe dich.

Die im Buch geschilderten Begegnungen und Begebenheiten beruhen auf einer wahren Geschichte. Sie sind aber dort, wo betroffene Personen ihr Einverständnis zur Namensnennung nicht gegeben haben, so weit verfremdet und anonymisiert, dass sie nicht mehr mit einer bestimmten Person in Verbindung gebracht werden können. Wenn dennoch Ähnlichkeiten mit lebenden Personen bestehen, sind diese rein zufällig und nicht beabsichtigt.

Die zitierten Bibelstellen wurden entnommen aus:
Die Bibel nach Martin Luthers Übersetzung, revidiert 2017
© 2016 Deutsche Bibelgesellschaft, Stuttgart

Copyright © 2024 adeo Verlag
in der SCM Verlagsgruppe GmbH,
Berliner Ring 62, 35576 Wetzlar

1. Auflage 2024
Bestell-Nr. 835356
ISBN 978-3-86334-356-9

Umschlaggestaltung: Mareike Schaaf
Umschlagfoto: Deborah Pulverich
Satz: Uhl + Massopust, Aalen
Druck und Verarbeitung: GGP Media GmbH, Pößneck
Printed in Germany

www.adeo-verlag.de